Finanzas personales para mujeres

101 consejos financieros imprescindibles para librarse de las deudas, Repare su crédito, y crear independencia financiera

DLINA J.

Publicación directa en Kindle

Publicado por Kindle Direct Publishing

Kindle Direct Publishing es una división de

Amazon.com Edición en rústica publicada en 2023

Impreso en los Estados Unidos de América

Sólo para uso profesional

DEDICATION

Dedico este libro a la memoria de una persona hermosa, encantadora y honesta. ¡Mi mamá! Adelina Da Rosa Goncalves y a todas las mamás trabajadoras".

Contents

AGRADECIMIENTOS

En primer lugar, me gustaría dar las gracias a Dios, porque sin él no habría sido capaz de lograr nada en mi vida. Gracias, mamá y papá, por toda la dedicación y el duro trabajo que hicieron para criarme y convertirme en la persona que soy hoy. Gracias a mis hijos por el amor y el aliento que me han dado. Gracias, marido, por estar ahí cuando quería rendirme, pero seguiste empujándome hacia mis metas.

Quiero agradecer a pa.publishing.com y a todo el equipo por la oportunidad de involucrarme en la carrera de autor.

Gracias por formar parte de este viaje

Arvin A. Acido

Quiero dar las gracias a todos los que me han animado, motivado e inspirado a lo largo de mi vida, y han visto lo mejor de mí.

INTRODUCCIÓN

"Demasiada gente gasta dinero que no ha ganado para comprar cosas que no quiere, para impresionar a gente que no le gusta.
– Will Rogers.

Mi familia pasó apuros económicos mientras yo crecía, aunque mis padres trabajaban duro para mantener nuestro hogar, así que rara vez tenía cosas nuevas. Hay un recuerdo que tengo muy presente. Mi amiga y yo estábamos en el centro comercial. Vi un vestido precioso en el escaparate y me acordé de que lo miraba con nostalgia y me imaginaba lo guapa que me quedaría. Mi familia no podía permitírselo porque costaba cientos de dólares. Me rompió el corazón darme cuenta de que no podría permitírmelo aunque gastara todo lo que tenía, así que, mientras me alejaba, juré que nunca volvería a sentirme así.

A los veinte años me independicé económicamente y se me abrió un mundo nuevo. Empecé a derrochar en ropa, zapatos y cosméticos. Pero mi sueldo no bastaba para darme las cosas que creía "merecer". Conseguí tarjetas de crédito para poder comprar. Las llenaba al máximo, pero sólo pagaba el mínimo y, con el tiempo, mis hábitos de consumo empeoraron. Me pasaba horas navegando por Internet, mirando todas las novedades de moda que llevaban los famosos y las personas influyentes para añadirlas al carrito. Ignoraba los elevados saldos de mis tarjetas de crédito y la insuficiencia de mis ahorros. Cada vez que me sentía ansiosa, estresada o me asaltaban otras emociones, me calmaba derrochando. Hasta que al final me vi obligada a ver la verdad.

Después de un mes especialmente agotador en el trabajo, me dejé convencer para comprarme un par de zapatos de diseño de lujo que equivalían a un tercio de mi sueldo, aunque me había convencido a mí misma de que sólo iba a la tienda a echar un vistazo. Lo justifiqué diciéndome que era una recompensa por haber trabajado tanto. Cuando salí de la tienda con la bolsa de papel etiquetada con el diseño, me sentí muy emocionada.

Pasé por el supermercado para comprar algunas cosas necesarias. Incluso entré con la bolsa para seguir sintiendo el júbilo. Mientras la cajera registraba mis compras, soñaba despierta con todos los conjuntos que me pondría con esos preciosos zapatos nuevos. Le entregué la tarjeta a la cajera de forma automática. Sus palabras me sacaron del trance en el que me encontraba.

"Lo siento, señora, pero su tarjeta ha sido rechazada. ¿Tiene otra que pueda usar?"

Entregué otra tarjeta sólo para oír: "Lo siento, ésta tampoco funciona".

Se me calentó la cara porque sabía que mi tercera tarjeta estaba completamente al límite. Tampoco llevaba dinero en efectivo. Tuve que salir de la tienda de comestibles sin comida, cargando la bolsa con los zapatos que ya no me hacían ilusión. Me senté en el coche y lloré.

Esta fue mi llamada de atención.

La necesidad de un cambio se hizo aún más patente cuando me senté rodeada de facturas y extractos que ponían de manifiesto hasta qué punto había llegado mi endeudamiento. Me sentía indefensa e insegura, atrapada por los grilletes de mi actual situación financiera. Mis opciones eran limitadas y tenía la sensación de haber entregado las riendas que controlaban mi vida. Pasaron los meses y no sabía cómo salir de aquel pozo.

Durante un tiempo, la vergüenza y el bochorno por mi falta de conocimientos financieros me hicieron evitar mirar con demasiada atención los extractos bancarios y de las tarjetas de crédito. Sentía miedo, incertidumbre y preocupación en todo momento. También evitaba hablar con profesionales sobre los temas financieros que ocupaban mi mente porque me parecían demasiado difícil de comprender. Pero mi falta de proactividad significaba que era más vulnerable a la explotación por parte de prestamistas y corredores sin escrúpulos que se aprovechaban de mi analfabetismo financiero en su beneficio. También significaba que debería haber aprovechado oportunidades lucrativas para reducir mi deuda, ahorrar y ganar dinero.

¿Comprendes el dolor que sentí? ¿La impotencia? ¿La desesperación? ¿Entiendes lo que es estar despierto por la noche sintiendo miedo por tu futuro financiero y preocupándote por no poder mantenerte a ti mismo o a otros que dependen de ti? Tal vez esté viviendo de cheque en cheque, con una gran deuda y sin ahorros ni inversiones. Tal vez esté atrapado en un ciclo en el que nunca tiene suficiente dinero y depende constantemente de tarjetas de crédito o préstamos para llegar a fin de mes. Tal vez esté cansado de que se aprovechen de usted porque no tiene suficientes conocimientos de finanzas personales para tomar decisiones acertadas. Puede que dude a la hora de invertir por un miedo paralizante a asumir riesgos.

Si sientes incluso el más mínimo atisbo de afirmación ante cualquiera de estas preguntas o situaciones, estoy aquí para decirte que no estás sola. Millones de mujeres de todo el mundo luchan con problemas similares, pero hay esperanza para todas nosotras. Puedes vivir sin deudas y sin depender de los ingresos de nadie para mantener el estilo de vida que deseas. Puedes permitirte las cosas que quieres sin preocuparte de dónde vendrá tu próximo sueldo ni sentirte culpable por gastar en ti mismo y seguir teniendo seguridad financiera.

Puedo decir esto con certeza porque a pesar de que había estado viviendo de cheque en cheque, le di un giro completo a mi situación y adquirí los conocimientos financieros que me otorgaron mi libertad financiera. Mi misión es ayudar a tantas mujeres como sea posible a conquistar sus finanzas, salir de la deuda, organizar sus activos, y lograr la libertad financiera de la misma manera que lo hice.

El dinero en el banco es algo más que el número de ceros que accumula. Se trata de la autonomía y la seguridad que nos otorgan. El dinero es un medio para ganar independencia. Esa libertad proviene de la claridad de su situación financiera y del uso de herramientas y estrategias para tomar las riendas de sus finanzas de forma eficaz, y este libro le ayuda a lograr esos objetivos finales.

No prometo una cura milagrosa para sus problemas financieros. Al fin y al cabo, a mí me llevó años aprender a hacer presupuestos, hábitos de gasto inteligentes, cómo invertir con confianza y mucho más. Pero sí puedo prometerte que adquirirás estas habilidades más rápido que yo, porque tienes los conocimientos y la experiencia a los que recurrir. los consejos y las estrategias en acción.

Imagínese un futuro mejor, en el que pueda hacer realidad sus sueños y controlar su vida sin preocuparse por el dinero. Un futuro enel que disponga de fondos suficientes para vivir cómodamente, tenga ahorros para la jubilación y pueda permitirse lujos con inteligencia. Una en la que llegues a fin de mes aunque ocurra algo inesperado, como una urgencia médica o la pérdida del trabajo. Una en la que tengas un mayor control sobre tu destino y puedas vivir a tu manera. Puedes convertir esto en tu realidad. En lugar de simplemente arreglártelas, puedes prosperar. Puedes aprender a utilizar tu dinero como herramienta para crear un cambio positivo tanto en tu vida como en la de los demás.

Si estás preparado para convertir esa posibilidad en tu realidad, pasa página.

1–LA PSICOLOGÍA DEL DINERO

Seamos sinceros, el dinero es una parte importante de la vida de todos y, queramos admitirlo o no, siempre estamos pensando en él. Incluso alteramos nuestras vidas y elegimos profesiones que nos garantizan más dinero porque nos garantizan seguridad financiera. Pero como tener más dinero está tan arraigado en nosotros, sufrimos mucha ansiedad financiera, y precisamente por eso este capítulo abordará las creencias, las mentalidades y los mitos que rodean al dinero. Así, al final, serás capaz de entender tu relación con el dinero y desarrollar una conexión positiva con él. Y con esto, me vienen a la mente las famosas palabras de Warren Buffett: "Te diré el secreto para hacerte rico en Wall Street. Intenta ser avaricioso cuando los demás tengan miedo. Y tú intenta ser temeroso cuando los demás sean avariciosos".

Comprender su relación con el dinero

Cada persona tiene una relación única con el dinero. Esta relación es un factor que contribuye en gran medida a casi todas las decisiones importantes de la vida, como la carrera profesional, e incluso influye en los hábitos de gasto. Tu relación con el dinero también afecta a tu forma de gastar, ahorrar, invertir y ganar dinero. Así que tener una relación sana con el dinero significa que te relacionarás positivamente con él y te resultará mucho más fácil entender cómo funciona. En última instancia, puedes utilizar ese dinero para mantener una buena salud, invertir el dinero en diversas empresas y vivir una vida libre de estrés e inseguridad financiera (Brown, 2022). Al igual que otras cosas, nuestras perspectivas y creencias o puntos de vista subconscientes con respecto al dinero se nos inculcan cuando somos apenas unos niños, y nuestros hábitos a menudo reflejan los de nuestros padres. ¿Recuerdas a tus padres ¿recuerdas a tus padres especialmente tacaños con el dinero, aunque tuvieran mucho? Cualquiera de estas situaciones puede crear en los niños hábitos de gasto poco saludables. Sin embargo, no hay por qué preocuparse; las creencias y los hábitos pueden modificarse, cambiarse o ajustarse con el tiempo (A Healthy Attitude Toward Money Leads to Financial Security, 2019).

Consejo nº 1:

Lo primero que tiene que hacer es reconocer sus creencias actuales sobre el dinero antes de poder modificarlas. Al principio puede resultar incómodo, pero es esencial para cambiar esos viejos hábitos y desarrollar nuevas perspectivas sobre el dinero. Empiece por anotar las historias que se cuenta a sí mismo sobre el dinero, qué tipo de lenguaje utiliza en torno a él y cómo se siente cuando piensa en él. Una vez que haya identificado las creencias negativas, reflexione sobre por qué se formaron en primer lugar, quizá a partir de experiencias de la infancia o de mensajes de amigos y familiares.

Las personas con hábitos poco saludables suelen pertenecer a dos categorías: op- timismo y abundancia o escasez y pesimismo. Las personas que mantienen este último punto de vista ven el dinero como una fuente de miedo y ansiedad y creen que el dinero debe acumularse en lugar de gastarse. Estas personas también creen que ningún dinero será suficiente y, a menudo, piensan que no se lo merecen. Estas personas sienten envidia de los demás y creen que el sistema tiene la culpa de cualquier fracaso o dificultad financiera que puedan tener. Rodeadas de esta negatividad, las personas a menudo no pasan a la acción y pierden muchas oportunidades, lo que hace que se espiralicen aún más.

Por otra parte, las personas que tienen una visión positiva del dinero lo utilizan como una herramienta para alcanzar el éxito financiero en lugar de pensar en él como un objetivo final. Están orientadas a objetivos y tienen metas muy estables y a largo plazo. Gastan menos, ahorran más e incluso planifican el futuro o cualquier gasto inesperado. El segundo tipo de personas tienen mucho más éxito y no se aferran al dinero como a un salvavidas; saben que el dinero es un proceso continuo, y su importe seguirá fluctuando a lo largo de su vida. Sin embargo, un exceso de cualquiera de estos hábitos puede afectar negativamente a los niños. (Una actitud sana hacia el dinero conduce a la seguridad financiera, 2019).

Ya hemos comentado que los problemas de dinero provienen de la infancia, pero ¿cómo se perpetúan y se mantienen exactamente en nuestra psique? Pues bien, la mayoría de estas creencias fundacionales que tenemos con respecto al dinero actúan a un nivel que desconocemos, por lo que a menudo vemos ejemplos de personas que ganan toneladas de dinero pero acaban perdiéndolo en un par de meses y vuelven al estatus económico original dentro de la sociedad. Sus creencias fundacionales les empujaron a tomar decisiones que no favorecían su bienestar económico a largo plazo. Aparte de eso, los traumas también contribuyen en gran medida a la forma de ver el dinero. Estos momentos traumáticos no tienen por qué cambiar necesariamente la vida; sin embargo, estos microtraumas tienen un impacto. Si de niño te acosaban por la calidad y la marca de tu ropa, de adulto te centrarías mucho en tu ropa para protegerte de volver a sentirte avergonzado (The 3 Things That Create Your Money Beliefs, 2021).

Ahora que ya sabemos por qué y cómo se forman nuestras creencias, pasemos a las cuatro creencias principales vinculadas a comportamientos destructivos y perjudiciales relacionados con el dinero.

Dinero Culto

Estas personas creen que el dinero es la clave de la felicidad, por lo que les encanta rodearse de él y alardear de él. Al mismo tiempo, estas personas creen que nunca tendrán suficiente dinero, por lo que a menudo trabajan en exceso para alcanzar ese objetivo poco saludable. Los adoradores del dinero suelen gastar compulsivamente, tienen un gran desequilibrio entre la vida laboral y personal y son acaparadores (Marter, 2021) (Spann, 2018).

> ## Consejo nº 2:
>
> Alcanzar la libertad financiera no consiste sólo en tener más dinero, sino también en cambiar de mentalidad y centrarse en las cosas que le aportan alegría. Aprende a dar prioridad a las experiencias y las relaciones sobre las posesiones materiales. En lugar de comprar algo, busca formas de conectar con la gente o explorar nuevos lugares o actividades. Si te centras en crear conexiones y experiencias significativas, en última instancia te sentirás mucho más realizado y feliz a largo plazo de lo que te puede aportar el dinero.

Dinero Estado

Las personas que se rigen por este sistema de creencias tienden a definir su autoestima en función de su patrimonio neto y de la cantidad de dinero que han acumulado. Dan mucha importancia a comprar lo mejor y lo más popular porque el dinero significa éxito. Estas personas también tienden a tener más dinero del que tienen, por lo que gastan más de la cuenta. Este tipo de personas son económicamente dependientes, compulsivas e incluso gastan en secreto (Marter, 2021) (Spann, 2018).

> ## Consejo nº 3:
>
> Para dejar de creer que el dinero es una señal de éxito y valía, es importante recordar que la verdadera felicidad y el éxito vienen de dentro. En lugar de intentar ganar más dinero, céntrate en construir relaciones significativas, perseguir pasiones y aficiones, y desarrollar un fuerte sentido de autoestima. La libertad financiera puede ser importante para alcanzar estos objetivos, pero sólo si se persigue por las razones adecuadas y con una mentalidad resuelta.

Dinero Avoider

Las personas que evitan el dinero piensan que el dinero es la raíz de todos los males y tienden a tener respuestas negativas o temerosas. Suelen pensar que no se merecen el dinero que tanto les ha costado ganar. A pesar de tener miedo al dinero, los que lo evitan saben que el dinero mejorará sus vidas y les elevará a un estatus superior. Estas personas tienen dificultades para establecer objetivos financieros y ceñirse a un presupuesto establecido (Marter, 2021) (Spann, 2018).

Consejo nº 4:

Reencuadre sus pensamientos sobre el dinero. El siguiente paso es sustituir esas creencias malsanas por mensajes más positivos. Por ejemplo, si crees que "los ricos son avariciosos y egoístas", desafía ese pensamiento recordándote a ti mismo que hay muchas formas de tener éxito económico además de aprovecharse de los demás, como el trabajo duro y las inversiones inteligentes.

Dinero Vigilante

Las personas con el tipo de personalidad vigilante suelen centrarse en ser frugales y preocuparse constantemente por la falta de ahorros. Son más estables y tienden a centrarse en su seguridad financiera; sin embargo, las personas vigilantes pueden acaparar dinero hasta un punto poco saludable. No tener suficiente dinero es una enorme fuente de ansiedad para ellos que les atormenta en cada momento de vigilia (Marter, 2021) (Spann, 2018).

> ## Consejo nº 5:
>
> Empieza a leer libros o a escuchar podcasts sobre finanzas personales e historias de éxito de otras mujeres que han logrado la independencia financiera; escuchar estas historias inspiradoras te ayudará a sustituir las dudas persistentes por la autoafirmación y la ambición.

Miedos malsanos al dinero y mentalidades autolimitadoras

Todos tenemos nuestras creencias con respecto al dinero, y a menudo estas creencias son un mecanismo defensivo que nuestra mente ha creado para protegernos del mundo exterior. El problema con estas creencias es que están desfasadas y ya no son relevantes, puede que lo fueran cuando se establecieron, pero ya no importan. Sin embargo, eliminarlas o cambiarlas no es fácil porque están incrustadas en nuestro subconsciente. Estas creencias nos llevan a sabotearnos inconscientemente y nos impiden conseguir nada. Por eso hay que reconocer estas creencias limitantes para localizarlas en nuestra psique y entender cómo afectan negativamente a nuestra vida (Sabrina, s.f.) (Fox, s.f.). He aquí algunas mentalidades y creencias autolimitantes.

Creer que el dinero de Pat escasea,

La mentalidad de escasez perpetúa la idea de que la riqueza y las oportunidades son limitadas y sólo algunas personas pueden acceder a ellas. Las personas con esta mentalidad creen que nunca tendrán suficiente dinero y a menudo se obsesionan con lo que les falta. Esta mentalidad crea una visión de túnel para alcanzar objetivos financieros específicos que son poco realistas o completamente inalcanzables. La mentalidad de escasez se ha vuelto aún más común debido a la pandemia desde que la gente perdió sus empleos. A menos que cambien por completo la forma en que funcionan sus negocios y se adapten a las demandas actuales de los consumidores, las empresas no lograrán mantenerse (Yale, 2022).

Sin embargo, esta mentalidad puede cambiarse fácilmente para ver el aspecto más positivo de alcanzar el éxito financiero realizando pequeños pero diarios cambios en la forma de ver y observar las cosas. En primer lugar, debe centrarse en la abundancia de dinero que le rodea. Incluso podría llevar una lista de los logros financieros de cada día. El enfoque de la escasez hacia el mundo proviene de un lugar hostil, así que intente forzarse a pensar en lo contrario de sus miedos. Aunque no sea fácil, si lo practicas a diario, verás cómo cambia tu perspectiva (Yale, 2022).

El dinero no compra la felicidad

La mayoría de nosotros hemos crecido con la frase "el dinero no compra la felicidad", tanto que inconscientemente empezamos a creérnosla. Pero, ¿es cierta? En primer lugar, debemos entender qué significa esta frase. La frase surgió para decir a la gente que, aunque el dinero puede comprarte casas, coches de lujo, vacaciones y todas las cosas que quieras en tu vida, no te compra la felicidad y la alegría duraderas. Esta frase fue acuñada por los ricos, para los ricos, porque no tienen que preocuparse por necesidades humanas básicas como la comida, el agua potable y tener un techo bajo el que cobijarse. Si bien es cierto que el dinero no significa que la gente de repente te amará y será genuina contigo, también es cierto que estas cosas no son tan importantes cuando estás luchando por mantener un techo sobre tu cabeza. El dinero no garantiza la felicidad ni la tranquilidad, pero para las personas que no saben cuándo tendrán comida en la mesa, el dinero sí puede comprarles la felicidad (Mantilla, s.f.).

"Los ricos se enriquecen y los pobres se empobrecen"

La idea de que "los ricos se hacen más ricos y los pobres más pobres" puede parecer una creencia perjudicial, pero puede perpetuar la amargura, el desdén y el derrotismo. Las personas con este punto de vista, especialmente si no tienen una buena situación económica o no son estables, pueden pensar que los ricos son avariciosos, privilegiados y malos en general. Estos simples mensajes pueden parecer fugaces al principio, pero nos afectan subconscientemente y nos hacen pensar que el dinero es un bien escaso y sólo para otras personas (Suzannah, s.f.)

Miedo a no tener suficiente dinero

M u c h o s t e m e m o s no tener suficiente dinero. Aunque la mayoría de las veces estos temores están totalmente justificados; por ejemplo, puede que tenga miedo a perder su trabajo o haya experimentado una pérdida financiera devastadora debido a una mala inversión. Pero para algunas personas, este miedo a "no tener suficiente dinero" no lo provoca una inversión importante; se piensa que les acompaña a todas partes y afecta a cada decisión que toman. Puede que quieras tomarte unas vacaciones porque has trabajado duro para ello y te las mereces, pero no puedes porque te preocupa constantemente perder tu trabajo, aunque sea imposible. Aunque este miedo no es completamente infundado, ya que vivimos en una época en la que tu éxito se mide por cuánto dinero y valor monetario tienes, se convierte en un problema cuando tu miedo toma el timón y guía cada una de tus decisiones. Nunca experimentarás nada de lo que deseas porque temes el gran "si". Siempre hay más por hacer y más por tener, y si fracasas, busca recursos a tu alrededor porque te aseguro que los tienes. Tienes trabajos, por poco atractivos que sean, y tienes gente y familia a la que puedes recurrir, así que mira, agárrate a eso como muleta s i hace falta (Kate, s.f.).

Miedo a perder el dinero que se tiene

Hemos experimentado mucha inestabilidad económica en los últimos años, por lo que perder dinero es un miedo bastante real. Sin embargo, cuando este miedo le impide gastar en artículos de primera necesidad y acudir a los servicios sanitarios porque no quiere gastar dinero, se convierte en un problema. Algunas personas que luchan contra esta mentalidad ni siquiera piensan en sus hábitos de gasto o ahorro poco saludables, y a menudo les impide continuar haciendo lo que antes les gustaba. Las personas miran constantemente su banco y su cartera para ver cuánto dinero tienen, y la idea de gastar dinero o de no tener suficiente les provoca ansiedad y ataques de pánico (Hakeenah, 2021).

Mitos financieros que frenan a las mujeres

Las mujeres han empezado a ascender en la escala social y económica en el siglo XXI. Sin embargo, la batalla está lejos de haber terminado porque, aunque las mujeres tienen tanto éxito como los hombres, la gente sigue creyendo que los hombres son mejores que las mujeres en la gestión de las finanzas. Entonces, ¿qué creencias infundadas llevan a la gente a infravalorar a las mujeres o a las mujeres a infravalorarse a sí mismas? Analicemos algunas de ellas (Mitos sobre el dinero: 5 estereotipos sobre las mujeres y las finanzas que debemos acabar ya mismo, 2018).

Las mujeres deben depender Peir Husbands for Financial Support

Es cierto que tradicionalmente las mujeres se quedaban en casa cuidando de los niños mientras los hombres salían a buscar formas de mantener a sus familias. Sin embargo, las mujeres han crecido fuera de estos límites tradicionales de lo que significa ser una mujer y sin duda han llegado a ser capaces de mantenerse por sí mismas. Las mujeres de hoy no necesitan depender de un hombre, ni de nadie, para mantenerse. La mayoría de las familias tienen una estructura de doble ingreso, en la que ambos ganan dinero y se reparten el coste de la vida. Pero a pesar de ganar lo mismo que su pareja, o a veces incluso más, las mujeres rara vez participan en la planificación financiera de su futuro. A menudo esto no se debe a que las mujeres no estén interesadas o no sean capaces, sino a que la mentalidad de que las mujeres siempre dependerán de sus maridos está arraigada en nosotras desde que somos jóvenes (Money myths: 5 estereotipos sobre las mujeres y las finanzas que debemos romper ya mismo, 2018).

A las mujeres no se les da bien gestionar el dinero e invertir con sensatez

La idea de que a las mujeres se les da mal administrar el dinero es un estereotipo perjudicial que se instala cuando somos jóvenes. El estereotipo se perpetúa en cada programa de televisión o película que vemos, así que casi empezamos a creérnoslo y a autosabotearnos. Para salir de este dilema en espiral, las mujeres tienen que empezar a invertir en un diario financiero para ver cuánto y dónde gastan y no bajan todos los gastos a pesar de ser grandes y pequeños. Puede ayudarle a saber dónde gasta más dinero y a reducir gastos. Y aunque no es tan fácil como parece, empezará a surtir efecto si se practica el tiempo suficiente. (Mitos sobre el dinero: 5 estereotipos sobre las mujeres y las finanzas que tenemos que romper ya mismo, 2018).

Las mujeres no comprenden la complejidad de las finanzas personales

Si bien es cierto que comprender las matemáticas, las acciones, las puntuaciones de crédito y la infla- ción es difícil, las mujeres son más que competentes para tratar estos temas. Tener la idea de que las mujeres no son capaces de hacer algo es lo que hace que las matemáticas sean una asignatura orientada a los hombres y limita a las mujeres a tener éxito o incluso a entrar en este campo. Las mujeres no tienen formación sobre estos temas, así que no pueden entender cómo gestionar sus finanzas aunque quieran. Hay que educar a la gente sobre el manejo del dinero en la adolescencia para que puedan tomar decisiones de inversión inteligentes cuando crezcan (Money myths: 5 stereotypes about women and finances that we need to bust right now, 2018).

Consejo nº 6:

Buscar educación financiera: para alguien a quien no se le ha enseñado a ocuparse de sus finanzas, el lenguaje utilizado en finanzas puede resultar confuso y abrumador para cualquiera. Buscar educación financiera personal es clave para desarrollar una mentalidad monetaria positiva, ya que te proporciona los conocimientos y la confianza necesarios para tomar decisiones financieras acertadas. Empiece por leer libros escritos por profesionales con experiencia y siga cursos en línea de fuentes acreditadas que ofrezcan información fiable sobre la gestión eficaz del dinero.

Los asuntos financieros son deberes del hombre; Las tareas de la mujer se limitan al ámbito doméstico

Ya hemos hablado de que tradicionalmente las mujeres han asumido funciones domésticas mientras que los hombres asumían funciones que les ayudaban a ganar dinero y a mantener a sus familias. Pero ahora, como las mujeres también han empezado a ganar dinero, ya que el hogar no puede funcionar a menos que el hombre gane cantidades disparatadas, se sigue esperando que las mujeres "recojan el relevo" y se ocupen de las tareas domésticas mientras trabajan a tiempo completo. Pero no es correcto asignar funciones en función del sexo de una persona. Los deberes deben centrarse en las tareas que mejor se le dan a cada persona, y deben repartirse entre los miembros de la pareja, ya que ambos ganan dinero. Las mujeres siempre serán tan capaces como los hombres, así que hay que dejar de menospreciar sus capacidades. (Mitos sobre el dinero: 5 estereotipos sobre las mujeres y las finanzas que debemos romper ya mismo, 2018)

Las mujeres son emocionales e impulsivas

Comprar algo impulsivamente no significa necesariamente que no tengas autocontrol. Si no te sales de los parámetros de tu presupuesto, tus compras impulsivas no afectarán significativamente a tu situación financiera. El siguiente problema que plantea la gente es que las mujeres son "emocionales", por lo que no se les debería permitir manejar el dinero, ya que las personas emocionales no toman buenas decisiones. Y aunque las mujeres pueden enfrentarse a decisiones financieras importantes provocadas por un acontecimiento vital emocional y devastador, sus emociones no tienen por qué trasladarse necesariamente a esa decisión financiera. Es más probable que las mujeres pidan consejo financiero a la gente si se sienten perdidas o incapaces de tomar decisiones, y como tienen más aversión al riesgo, es menos probable que inviertan en acciones arriesgadas e incurran en pérdidas (Duke, 2010).

Consejo nº 7:

Celebra tu éxito financiero siempre que puedas. Como mujer, estás constantemente expuesta a estos estereotipos y mitos perjudiciales que te hacen sentir que no vales lo suficiente. Por eso, antes de crear una mentalidad positiva respecto al dinero, es importante identificar tus puntos fuertes financieros y celebrarlos. Por ejemplo, tener un trabajo o unos ingresos estables, disponer de un pequeño fondo de emergencia o simplemente avanzar hacia un objetivo financiero. Dedicar tiempo a reconocer tus éxitos y progresos te proporcionará la motivación necesaria para afrontar los retos financieros más difíciles que te esperan.

Desarrollar una mentalidad positiva ,

Ya hemos dicho varias veces que todos tenemos relaciones diferentes con el dinero. La medida en que nuestros estados de ánimo y emociones afectan a nuestra relación también diferencia a una persona de otra. Algunas emociones pueden incitarnos a actuar de una determinada manera, que es precisamente por lo que algunas personas no actúan racionalmente con respecto a Ney (Hakeenah, 10 Common Money Fears and How to Overcome Them - Money Psy- chology, 2021). Veamos algunas emociones destacadas y cómo nos afectan.

Culpa

es una emoción que puede manifestarse de múltiples maneras, pero la forma más prometedora en que te afecta es animándote a tomar decisiones que están fuera de tus mejores intereses. Podrías ponerte en la tesitura de donar porque has sido demasiado para tus amigos, familiares o personas de tu círculo íntimo. También podrías verte empujado a situaciones que desencadenen acciones perjudiciales para tus objetivos financieros, y no te das cuenta de lo que está ocurriendo hasta que tu sentimiento de culpa desaparece y te encuentras con la consecuencias de tus actos. La mayoría de las veces, el sentimiento de culpa puede hacer que actúes en contra de tus intereses y que te vuelvas introspectivo y desencadenes un replanteamiento positivo. La culpa puede hacer que te fijes en los gastos innecesarios y consideres cómo podrías presupuestar en el futuro para no volver a experimentarlo (Hakeenah, How Fear, Guilt, Shame, and Envy Affect Your Financial Goals, 2021).

Miedo

El miedo es probablemente la emoción más peligrosa en relación con el dinero, porque el miedo provoca de forma natural la ansiedad de perder el dinero y caer en la bancarrota o el temor a no tener nunca éxito y a no disponer de suficiente dinero. El miedo puede paralizar tu capacidad para tomar decisiones y, para vencerlo, primero debes reconocerlo y luego aprender a gestionarlo. Busca ayuda profesional si es necesario, ya que hay cosas que no podemos resolver por nosotros mismos (Hakeenah, How Fear, Guilt, Shame, and Envy Affect Your Financial Goals, 2021).

Vergüenza

La vergüenza suele ser lo contrario de la culpa, porque la culpa se origina por dejar que otros se aprovechen de ti a costa de ti mismo. Al mismo tiempo, la vergüenza es el resultado de ser incapaz de alcanzar el nivel económico que uno mismo se ha fijado. Cuando te sientes avergonzado por algo, naturalmente quieres hacer cualquier cosa para evitar pensar en ello, pero eso no hará que el problema desaparezca. Si no identifica dónde se origina este sentimiento, perderá todos los progresos financieros que haya podido hacer y se centrará constantemente en los errores en lugar de en los aciertos. Tendrá que esforzarse mucho para combatir este sentimiento e incluso puede que tenga que planificar cómo gastar su dinero hasta el último céntimo. Pero incluso después de eso, es posible que no siempre alcances el nivel financiero que te has fijado; aprende a perdonarte a ti mismo porque la vergüenza sólo conseguirá frenarte (Hakeenah, How Fear, Guilt, Shame, and Envy Affect Your Financial Goals, 2021).

Ira

La ira es una emoción común que surge cuando se toma una decisión financiera repentina; sin embargo, la ira nunca es útil. En lugar de centrarte en el hecho de que has gastado mucho dinero, concéntrate en cómo asegurarte de que una situación como ésta no vuelva a repetirse. Esto puede significar hacer un presupuesto más ajustado o crear un fondo de emergencia para no volver a pasar apuros con unas finanzas mal gestionadas. Si es necesario, busca ayuda profesional porque la ira puede empujarte a hacer malas inversiones (Hakeenah, How Fear, Guilt, Shame, and Envy Affect Your Financial Goals, 2021).

Envidia

Las redes sociales han hecho que sea mucho más fácil husmear en la vida de otras personas y envidiarlas porque parecen estar logrando mucho más que tú, aunque no sean necesariamente tan impresionantes o especiales. Es natural querer tener éxito sin esforzarse mucho, porque eso es lo que se ve hacer a las personas influyentes en Internet, pero la gente no recuerda que la hierba siempre es más verde al otro lado. La envidia debería desmotivarte; en lugar de eso, deberías dejar que te empuje más y te ayude a alcanzar tus objetivos financieros. Esto podría significar invertir, presupuestar y ahorrar dinero para alcanzar un objetivo financiero. En lugar de compararte con los demás y superarlos, piensa en cómo vivir la mejor vida dentro de tu presupuesto (Hakeenah, How Fear, Guilt, Shame, and Envy Affect Your Financial Goals, 2021).

Consejos para una mentalidad positiva

S i quieres empezar a construir una mentalidad positiva, tienes que centrarte en tres aspectos clave: retrasar la gratificación, crear resiliencia y no compararte con los demás. Retrasar la gratificación puede ser una gran herramienta para ayudarnos a gestionar nuestras finanzas y animar a nuestra mente a pensar de forma positiva. La gratificación diferida consiste en retrasar la sensación de gratificación y la recompensa inmediata en favor de una recompensa mayor o a largo plazo. Cuando somos niños, queremos gratificación inmediata, pero A medida que nos hacemos adultos, debemos moderar nuestro deseo y considerar el sentido práctico de nuestra compra. Podrías utilizar este método para aplazar la compra de algo que no necesitas necesariamente y así poder ahorrar el dinero e irte de vacaciones o tener ahorros e independencia financiera. Puede que no sea fácil emplear la gratificación diferida en tu vida, por lo que debes empezar poco a poco y crear objetivos que sean mucho más fáciles de alcanzar, haciéndolos más difíciles a medida que avance el tiempo. También debe establecer normas para gastar el dinero; por ejemplo, podría decirse a sí mismo que sólo puede gastar dinero en sí mismo una vez que haya cobrado o pagado todas las facturas y el presupuesto de ese mes. Retrasar la gratificación sirve para que puedas alcanzar un determinado objetivo financiero, así que si sientes que puedes desfallecer en algún paso, recuérdate a ti mismo tu objetivo (Importance Of Delayed Gratification, s.f.).

Consejo nº 8:

Comprenda la importancia de retrasar la gratificación y busque formas de ponerla en práctica. Si puedes esperar un momento para hacer una compra, especialmente las compras grandes o caras, es mucho más probable que presupuestes mejor y evites vergüenzas y deudas innecesarias.

Todos nos enfrentamos a adversidades a lo largo de nuestra vida, y no podemos hacer nada para controlarlas; lo único que podemos hacer es controlar nuestra reacción ante esa situación. Estos acontecimientos externos, ya sean a escala global o personal, afectan enormemente a la salud, el estado de ánimo y la perspectiva general, y a menudo pueden hacer que nos sintamos abrumados y ansiosos. Y, como ya he dicho, no hay forma de escapar de la adversidad; lo único que puedes hacer es encontrar formas de mejorar tu situación y recuperar esa sensación de control perdida. La resiliencia puede ser difícil porque no es algo con lo que nacemos. Es un proceso activo y continuo que requiere que te esfuerces. Tienes que enfrentarte a las luchas para poder desarrollar la resiliencia, y tienes que sentir tus emociones para poder procesarlas adecuadamente. Ahogar tus problemas en drogas y alcohol y anestesiarte no es el camino. Para desarrollar la resiliencia, debes empezar por aceptar que El cambio es inevitable; las cosas pasan por algo, aunque suene a tópico. Pensar en ello desde una perspectiva positiva puede cambiar tu forma de ver la situación. En lugar de centrarte en lo que no puedes controlar, céntrate en lo que sí puedes y esfuérzate activamente en ello. Si las cosas se ponen difíciles, recuerda siempre tender la mano a la gente. Estás constantemente rodeado de personas que piden ayuda, ya sea a amigos, familiares o incluso profesionales (Robinson, 2023).

Consejo nº 9:

Puede resultar difícil, pero mantenga una perspectiva positiva durante las dificultades económicas o las pérdidas. Recuerde lo que es importante, como su familia o su salud, que pueden ayudarle a mantenerse motivado en los momentos difíciles. Encuentre formas constructivas de canalizar la energía y la preocupación en acciones que puedan conducir al progreso, de modo que poco a poco pueda empezar a sentir que hay esperanza de un futuro mejor. En última instancia, sólo puedes mantener la esperanza en el futuro e ir paso a paso.

La mayoría de nuestras inseguridades tienen su origen en compararnos a nosotros mismos y nuestra situación con la de los demás, sobre todo con la de las personas influyentes en Internet. Siempre estamos bajo la desafortunada suposición de que seremos felices s i compramos la siguiente cosa, pero buscar la validación y la realización de los objetos nunca funcionará porque pasaremos a la siguiente mejor cosa. Además, querer algo porque lo tiene otra persona es una tontería, porque todos somos diferentes y únicos, y ese vestido o esa relación que se ve tan bien en la pantalla puede que no sea para ti. En lugar de compararte con los demás y con lo que tienen, céntrate en aquello por lo que estás agradecido. Algunas personas incluso se benefician de una limpieza de las redes sociales, que consiste en borrarlas o desconectarse de ellas durante un día o una semana y centrarse solo en uno mismo (Loredo, 2022).

> ## Consejo nº 10:
>
> Evite compararse económicamente con los demás o medir el éxito en función de las posesiones materiales. Esta comparación sólo conduce a la envidia y a sentirse inadecuado. En cambio, medir el éxito basándose en el progreso y los logros individuales es mucho más em- prendedor. No hay nada malo en querer cosas bonitas, pero las posesiones materiales nunca indican el verdadero éxito. Céntrate en los objetivos individuales y en desarrollar la resiliencia ante la adversidad, porque son esfuerzos que merecen la pena. Aprender a apreciar los logros, independientemente de las ganancias financieras o materiales, puede conducir a una mayor satisfacción y aprecio por todo lo que has conseguido. Concéntrese en vivir dentro de sus posibilidades y disfrutar de las experiencias de la vida sin excederse económicamente.

Comprenda sus valores financieros

Tomar cualquier decisión relacionada con su dinero refleja directamente sus valores financieros. Estos valores son razones externas e internas que determinan cómo se siente respecto al dinero, dando forma a sus decisiones financieras. Los valores monetarios influyen en su forma de pensar y de ver y gastar, de modo que cuando sus acciones se alinean con sus valores financieros y sus valores reflejan sus objetivos, lleva una vida mucho más satisfactoria. Para ir por el buen camino en la gestión de tus finanzas, inspecciona tus valo- res financieros y haz cambios positivos si es necesario (Pérez, 2017). Estas son algunas formas de determinar cuáles son tus valores.

Crear una lista

El dinero está entrelazado con nuestras vidas e influye en cada una de sus partes, por lo que, mientras intentas comprender tus valores financieros, debes escribir algunos objetivos financieros que te gustaría alcanzar en cada área de tu vida. Podrías formular preguntas que imaginen cómo podría ser tu futuro cinco años, y esto revelará muchas cosas que ni siquiera sabes de ti mismo y pondrá de relieve lo que es importante para ti, de modo que puedas seguir trabajando para alcanzar ese objetivo (Sabrina, Money Val- ues: How To Align Your Priorities With Your Spending, s.f.).

Dar prioridad a

Una vez que haya averiguado sus objetivos, debe clasificarlos por orden de importancia para poder dedicar a cada objetivo financiero la atención adecuada. Tenemos unos ingresos limitados, y querer contribuir a cada aspecto puede suponer una presión financiera innecesaria. Al priorizar los objetivos importantes, distribuyes el dinero y el tiempo hacia algo que significa mucho para ti (Sabrina, Money Values: Cómo alinear tus prioridades con tus gastos, s.f.).

Conozca su "por qué

Identificar los objetivos es más manejable, pero para hacerlos realidad, tienes que identificar por qué son esenciales para ti.

Aunque tengas pensado ahorrar dinero para unas vacaciones, tu objetivo puede ser crear recuerdos imborrables y explorar el mundo. Así pues, el objetivo puede parecer sencillo al principio, pero hay mucho que hacer para que ese objetivo sea especial para ti. Una vez que descubras "por qué" algo es importante, te motivará aún más para contribuir a tu objetivo y te disuadirá de buscar la gratificación instantánea (Sabrina, Money Values: How To Align Your Priorities With Your Spending, s.f.).

Para ayudarte a empezar, aquí tienes una lista de valores monetarios básicos comunes:

- Ser generoso

- Establecer una sensación de seguridad financiera

- Construir relaciones

- Crear un estilo de vida relajante

- Tener más opciones

- Experimentar una vida plena y mejorada

- Dar más oportunidades a sus hijos

- Tranquilidad

- Reducir la ansiedad relacionada con el dinero

(Sabrina, Money Values: How To Align Your Priorities With Your Spending, s.f.)

Consejo nº 11:

Mira siempre el panorama general y hazte preguntas como "¿Qué quiero que mi dinero diga de mí?". "¿Qué tipo de legado quiero dejar con mi riqueza?". Este tipo de reflexión puede ayudarte a desarrollar valores fundamentales sólidos para abordar las finanzas.

Identificar objetivos financieros

Ahora que tenemos claros los valores financieros, podemos pasar a identificar los objetivos financieros que apoyan esos valores. Cuando pienso en objetivos financieros, me viene a la mente esta cita de John J. Beckley: "La mayoría de la gente no planea fracasar, sino fracasar para planificar". Identificar objetivos financieros es necesario porque nos da una razón para ahorrar o gastar dinero. Estos objetivos pueden ser a corto o largo plazo, pero en cualquier caso, tendrá que identificarlos primero si quiere alcanzarlos. Pero, ¿por qué es esencial exactamente determinar sus objetivos financieros? Establecer objetivos financieros puede ayudarle a dar forma a sus características para mejor, ayudándole a determinar las acciones que le llevarán a conseguirlos. Identificar los objetivos le permite crear un plan realista y factible para alcanzarlos y hacer un seguimiento de sus progresos por el camino. Establecer objetivos financieros es mucho más fácil de lo que cree, y Todo lo que tienes que hacer es averiguar lo que quieres, elaborar un plan realista y seguir los pasos. Aunque las personas que no pueden practicar la gratificación retardada pueden tener dificultades para ver el panorama general y establecer objetivos a largo plazo. Precisamente por eso hay que aprender Objetivos financieros S.M.A.R.T. (Schwahn, 2019).

Cómo fijar objetivos financieros S.M.A.R.T

Smart es el acrónimo de Specific (Específico), Measurable (Mensurable), Attainable (Alcanzable), Realistic (Realista) y Timely (Oportuno), y creando objetivos S.M.A.R.T. (Específicos, Mensurables, Alcanzables, Realistas y Oportunos) aumentará sus posibilidades de alcanzarlos.

- Específicos: Tienes que asegurarte de que tus objetivos son específicos, así que calcula cuánto y cómo quieres conseguir ese objetivo. Esto significa calcular cuánto dinero necesita para alcanzar un determinado objetivo financiero. A continuación, debe saber por qué necesita alcanzar ese objetivo financiero, ya que necesita una dirección clara para empezar a trabajar hacia ese objetivo.

- Mensurables: Tus objetivos deben ser mensurables para que puedas comprobar fácilmente si estás progresando.

- Alcanzable: Una vez acotado el objetivo, pregúntate si es alcanzable y, si no lo es, cómo puedes hacer que lo sea. Tú eres el único que puede decidir si un determinado objetivo es alcanzable porque sólo tú sabes lo capaz que eres. Prepárate no sólo para los obstáculos que puedas encontrarte al alcanzar los objetivos, sino también para planes de emergencia.

- Realistas: Además de alcanzables, los objetivos deben ser realistas. Esto significa que debe fijarse objetivos que sepa que va a ser capaz de alcanzar. Los objetivos a largo plazo pueden parecer poco realistas a primera vista, pero siempre que los dividas en pasos alcanzables, podrás conseguirlos.

- A tiempo: Por último, debe fijar un plazo para alcanzar sus objetivos. Piensa en plazos a corto y largo plazo y reflexiona cada mes para ver cuánto has avanzado y si necesitas cambiar o modificar algo.

(Chan, 2020)

Al principio puede parecer fácil, pero ¿cómo se implementan exactamente estos objetivos? Bien, considere que está ahorrando para el pago inicial de una casa y quiere convertirlo en un objetivo S.M.A.R.T.. Primero tiene que hacerlo específico, de modo que su objetivo sea ahorrar lo suficiente para el pago inicial de una casa. El elemento medible será el dinero que necesita, así que suponga que quiere ahorrar 30.000 dólares para el pago inicial. Lo siguiente que hay que hacer es que ese objetivo sea alcanzable. Treinta mil dólares es mucho dinero, por lo que conviene fijarse objetivos y ahorrar una determinada cantidad cada mes. Su objetivo también debe ser realista, de modo que la cantidad que se proponga ahorrar sea alcanzable y realista, en función de sus ingresos y gastos mensuales. Por último, debes fijar un plazo realista para alcanzar el objetivo monetario (Lazar, 2022).

> ### Consejo nº 12:
>
> En lugar de basar sus objetivos financieros en los de otras personas, es importante asegurarse de que los objetivos reflejan SUS deseos y necesidades individuales. Piense en lo que le haría sentirse satisfecho y realizado a largo plazo y base sus objetivos en ello.

> **Consejo nº 13:**
>
> Divida cada objetivo en pasos más pequeños y alcanzables, con fechas límite, para poder supervisar el proceso. Establecer hitos intermedios te ayudará a mantener la motivación para alcanzar tu objetivo.

Adoptar la abundancia Mindset en lugar de una mentalidad de escasez Mindset

Hemos hablado brevemente de la mentalidad de escasez, pero no hemos profundizado mucho en ella ni en cómo superarla. Las personas con una mentalidad de escasez creen que nunca tendrán suficiente dinero, por lo que gastar dinero les provoca miedo y ansiedad y les impide experimentar y probar cosas nuevas. Esta mentalidad procede naturalmente de un lugar muy negativo. No es saludable porque las personas con mentalidad de escasez viven una vida triste, temiendo constantemente endeudarse si se salen del presupuesto mínimo que se han fijado. Este miedo se mantiene aunque no haya ninguna posibilidad de que eso ocurra. Supongamos que quieres llevar una vida sana y feliz y disfrutar de tu dinero sin temer lo peor. En ese caso, necesitas hacer un esfuerzo consciente para pasar de una mentalidad de escasez a una de abundancia. Aquí tienes cinco formas de cambiar tu perspectiva (¿Por qué es importante adoptar una mentalidad de abundancia? 2021)

1. ¡Concéntrate en las cosas que tienes!

Es propio de la naturaleza humana centrarse en las cosas que no se tienen y utilizarlas para desanimarse a la hora de solicitar un nuevo trabajo o dedicarse a una nueva afición. En lugar de centrarte en lo que no tienes, intenta replantear tu perspectiva y pensar en cómo tu experiencia actual te ayudaría a solicitar ese nuevo trabajo y si disfrutas con esa afición. No todo es cuantificable y proporciona valor monetario, así que mientras lo disfrutes, sigue haciendo esa afición, aunque no seas necesariamente bueno en ella (Castrillon, 2020).

2. Rodéate de gente positiva

Tu compañía influye en tu forma de ver el mundo, así que si te cuesta ver lo positivo, rodéate de personas que te ayuden a detectarlo. Si tu grupo de amigos actual no enriquece tu vida, es hora de hacer nuevos amigos (Castrillon, 2020).

> ### Consejo nº 14:
>
> **Conéctate con personas afines que tengan objetivos financieros similares, ya que pueden apoyarte, motivarte e inspirarte para superar los obstáculos financieros. Hoy en día existen muchas comunidades en línea diseñadas específicamente para mujeres que buscan alcanzar la independencia financiera. Aprovecha estos recursos para encontrar consejos de otras mujeres que, como tú, quieren rendir cuentas durante su búsqueda de una mayor estabilidad financiera.**

3. Crear situaciones positivas

En la mayoría de las peleas o desacuerdos, una de las partes pierde y la otra gana, pero no tiene por qué ser así. Intenta pensar en formas de crear una situación en la que todos salgan ganando y haz una lluvia de ideas hasta encontrar una solución satisfactoria para todas las partes (Castrillon, 2020).

4. Practica la gratitud.

Si quiere mejorar su bienestar general, debe empezar a practicar la gratitud. Es difícil que las emociones negativas arraiguen cuando se practica la gratitud por las cosas que se tienen o se consiguen. Una forma de hacerlo es anotar diariamente cinco cosas por las que se sienta agradecido (Castrillon, 2020).

5. Entrena tu mente para reconocer las oportunidades.

Con una mentalidad de abundancia, puedes detectar fácilmente oportunidades, recursos y opciones. Cuando dejas de centrarte en una cosa, tu cerebro puede ampliar su alcance y darse cuenta de cosas que no habrías observado de forma natural (Castrillon, 2020).

Creencias autolimitantes	Creencias fortalecedoras
• Nunca tendré suficiente dinero.	• Hay multitud de formas de ganar dinero.
• Soy egoísta por querer dinero cuando hay tanta gente sufriendo.	• El dinero que gano puede servir para ayudar a la gente.
• Apenas podré subsistir y lucharé por vivir de cheque en cheque.	• Tengo un control total sobre mi dinero y puedo hacer un presupuesto adecuado.
• No puedo evitar mi estatus social.	• Puedo crear la vida que quiero para mí.
• No se me da bien el dinero.	• Sé manejar mi propio dinero.

Resumen

- El primer paso para llevar un estilo de vida financieramente estable es averiguar

- el tipo de relación que tienes con el dinero.

- Mucha gente crece con creencias autolimitadoras sobre el dinero, que empañan su visión del mismo, y estos miedos impiden experimentar y disfrutar de la vida.

- Hay mitos financieros que afectan sobre todo a las mujeres y les impiden hablar de finanzas y ocuparse de ellas.

- Con el tiempo, las mujeres han demostrado ser autosuficientes y ahora muchas de ellas tienen sus propias carreras y negocios. Si son lo bastante listas como para tener su propia empresa, sin duda son capaces de ocuparse de sus finanzas.

- Las mujeres deben iniciar su camino hacia la independencia financiera desarrollando una mentalidad positiva con respecto al dinero y superando sus miedos.

- Las personas que construyen una mentalidad positiva deben centrarse en tres aspectos principales: retrasar la gratificación, no compararse con los demás y fomentar la resiliencia.

- Empiece por comprender sus valores financieros, elabore una lista de sus objetivos y averigüe cuáles son esenciales para alcanzarlos.

- Establece objetivos financieros S.M.A.R.T.. Esto significa que todos tus objetivos deben ser específicos, medibles, alcanzables, realistas y oportunos.

- Intenta desarrollar una mentalidad más abundante y evita la mentalidad de escasez.

- Para desarrollar una mentalidad de abundancia, rodéate de personas positivas y motivadas que aporten valor a tu vida y compartan tus objetivos.

2–La Mejor Manera De Bank

Un informe publicado por el Instituto de Administración Bancaria o BAI señaló que los hijos suelen utilizar el mismo banco que sus padres. Los informes mostraron que en 2021, más de la mitad de los millennials utilizan el mismo banco que sus padres. Esto supuso un gran cambio con respecto al año anterior, ya que más del 54% de los millennials utilizaban el mismo instituto que sus padres en 2020. Este cambio no se debe únicamente a que algunos bancos estén perdiendo relevancia, sino a que la gente es cada vez más consciente de los tipos de ofertas disponibles. La llegada de Internet ha cambiado la forma de vivir de las personas. Los millennials tienen esa ventaja que les permite investigar las opciones financieras a su alcance y elegir las ofertas que más les benefician. Este fenómeno también ha motivado a los bancos a ofrecer mejores productos y servicios a un precio mucho más asequible para mantener contentos a los clientes. Pero, ¿qué tiene que ver exactamente un banco con sus decisiones financieras? Pues bien, elegir el banco adecuado es una de las principales claves del éxito financiero, y conociendo y explorando cómo funcionan los bancos y las ofertas que ofrecen, puede estar seguro de que todas las decisiones que toma en relación con sus finanzas son las correctas.

Pensar por dónde empezar puede ser bastante abrumador, y precisamente por eso este capítulo se centrará en los aspectos básicos de la banca, sobre todo en cómo elegir un banco, los tipos de cuentas disponibles y la mejor forma de utilizar las modalidades de pago (Sorrentino, 2022).

Cómo elegir un banco

Todos los bancos ofrecen servicios diferentes. Naturalmente, hay diferentes comisiones, niveles de servicios y diferentes tipos y porcentajes de interés provado en el dinero que guarda en el banco. Esto significa que la elección del banco puede ser una decisión esencial, y tienes que elegir el más adecuado para ti y tus necesidades.

Existen tres tipos de bancos: los bancos tradicionales, los bancos online y las cooperativas de crédito, todos ellos diferentes. Los bancos tradicionales son los más comunes y los más antiguos. Ofrecen servicios de cajero automático, lo que le permite acceder a su dinero desde cualquier cajero de su elección. También le permiten hacer ingresos y pagar facturas por Internet. Si prefiere hacer sus operaciones bancarias en persona, estos bancos tradicionales son la mejor opción. Los bancos online, en cambio, no tienen sucursales físicas y, como todo el trabajo se hace online, son mucho más baratos, ya que no tienen que pagar gastos generales. Sin embargo, a algunas personas les resulta frustrante comunicarse con los empleados por Internet. Por último, las cooperativas de crédito son una gran alternativa a los bancos tradicionales y online, ya que son propiedad de sus miembros y tienen comisiones más bajas y tipos de interés más altos. Sin embargo, la mayoría de las cooperativas de crédito no tienen funciones como la banca electrónica, lo que puede frustrar a la gente (Khartit, 2022). Ahora que ya hemos hablado de los distintos tipos de banca, pasemos a los pasos que hay que seguir para elegir la cuenta adecuada para ti.

1. Identificar la cuenta adecuada

Elegir un servicio puede ser complicado, sobre todo cuando los bancos ofrecen muchos productos y servicios diferentes. Sin embargo, un buen punto de partida sería examinar sus objetivos y prioridades financieras y encontrar cuentas que se ajusten a ellos. Las cuentas más comunes son las cuentas corrientes, las cuentas de ahorro, las cuentas del mercado monetario y los certificados de depósito (CD) (Bennett, 2022).

Si quiere una cuenta corriente, debe acudir a un banco tradicional o elegir una cuenta de alta rentabilidad ofrecida por algunos bancos y cooperativas de crédito en línea. Si busca una cuenta con un alto índice de rentabilidad, considere la posibilidad de abrir una cuenta de ahorro. Los bancos online ofrecen mejores ofertas de rentabilidad porque tienen menos gastos generales, y son tan seguros y creíbles como los bancos tradicionales, siempre que estén asegurados por la FDI. Las cuentas del mercado monetario son muy similares a las cuentas corrientes, pero le permiten emitir cheques e incluso le proporcionan tarjetas de cajero automático y de débito. Por último, un certificado de depósito es una de las mejores formas de ganar interés, ya que obtendrá una tasa de rendimiento garantizada a cambio de inmovilizar ese dinero durante un tiempo determinado. Sin embargo, no podrá utilizar el dinero ahorrado en los CD hasta su vencimiento, por lo que, si surge una emergencia, es posible que tenga que pagar comisiones adicionales (Bennett, 2022).

2. Busque bancos que cobren comisiones bajas o nulas

La mayoría de las veces, hay que pagar ciertas comisiones para acceder a los servicios que ofrece el banco. Sin embargo, algunos bancos no exigen el pago de comisiones o tienen comisiones deficientes y, naturalmente, siempre debe elegir bancos con comisiones más bajas. Asegúrese de no contratar ningún banco que le cobre comisiones mensuales de mantenimiento, por descubierto o por uso de cajeros automáticos. Y si no puede encontrar un banco sin comisiones mensuales de mantenimiento, póngase en contacto con el banco y vea cómo puede renunciar a estas comisiones (Bennett, 2022).

3. Considere la conveniencia de las sucursales bancarias

Cuando se piensa en la banca, una de las principales preocupaciones es la comodidad, por lo que hay que pensar detenidamente en la ubicación de los cajeros automáticos y las sucursales y en la disponibilidad de servicios bancarios en línea y móviles. Elegir los servicios que desea depende de aquello a lo que esté acostumbrado, de modo que si desea la comodidad de la banca móvil, elegirá bancos que prioricen esos servicios (Bennett, 2022).

> ### Consejo nº 15:
>
> **Vaya un paso por delante de las comisiones por uso fuera de la red abriendo una cuenta en un banco con amplia cobertura de cajeros automáticos. De ese modo, siempre podrá acceder a sus fondos sin preocuparse por los costosos recargos.**

4. Las coperativas de crédito

con rendimientos y tipos de interés más altos porque no suelen estar hechos para obtener grandes beneficios. Son locales o regionales y se enorgullecen de crear una conexión personal con sus clientes, razón por la cual prestan servicios a comunidades específicas. Precisamente por eso, los servicios que prestan las cooperativas de crédito suelen ser más personalizados. Por lo general, se desaconseja a la gente recurrir a las cooperativas de crédito porque parecen menos creíbles que los bancos tradicionales. Sin embargo, las cooperativas de crédito suelen estar respaldadas por el seguro NCUS, que garantiza que el gobierno respalda a su cooperativa de crédito, y su dinero estará seguro, incluso si la cooperativa quiebra (Beers, 2022).

Las cooperativas de crédito tienen algunos inconvenientes. En primer lugar, las cooperativas de crédito se limitan a zonas regionales o locales, por lo que puede que no estén disponibles en su zona, así que no tiene sentido utilizar una cooperativa de crédito que puede que ni siquiera tenga sucursales en su zona. En segundo lugar, probablemente pueda obtener tipos aún más altos si elige un banco online. Por último, puede que tengas que tener un trabajo concreto o vivir en una zona determinada para poder hacerte socio (Beers, 2022).

5. Encuentre un banco que se adapte a su estilo de vida

Es muy común dejarse influenciar por otra persona y elegir el banco que utiliza; sin embargo, siempre hay que tener en cuenta el propio estilo de vida y después elegir una cuenta o un banco que funcione con ese estilo de vida. Incluso podrías tener cuentas separadas si tienes un par de objetivos, una para uso normal y otra para emergencias (Bennett, 2022).

Consejo nº 16:

Busque bancos que ofrezcan servicios a su medida, como herramientas presupuestarias o programas de recompensas. Puede que te lleve algo más de tiempo, pero merece la pena, ya que encontrarás un socio financiero que se adapta a tus necesidades.

---

6. Examinar las funciones digitales

Casi todos los bancos tienen ahora aplicaciones o sitios web que le permiten transferir fondos, consultar su saldo, ingresar cheques e incluso pagar sus facturas. Sin embargo, no todos los bancos ofrecen ciertas funciones, como bloquear las tarjetas de débito para que los ladrones no puedan utilizar los datos de tu tarjeta. Si eso es algo importante para usted, elija un banco que pueda ofrecerle estos servicios. Pero recuerde siempre comparar bancos y servicios y leer las opiniones de los clientes antes de decidirse por uno (Bennett, 2022).

7. Entender los términos y condiciones Leer

Leer los términos y condiciones puede parecer muy tedioso, pero es importante explorarlo todo para asegurarse de que no se le escapa ninguna cuota oculta. Si tiene que pagar cuotas mensuales, las condiciones pueden indicarle cómo renunciar a ellas. Además, cuando compare bancos y sus servicios, esté atento a las ofertas promocionales porque pueden caducar (Bennett, 2022).

8. Análisis de los bancos que está considerando

Vivimos en la era digital, que nos permite utilizar recursos como las reseñas y sopesar las ventajas y desventajas de algo antes de invertir en ello. Esto nos salva de muchas estafas y tratos desagradables, por lo que debes leer reseñas antes de elegir un banco, ya que te vas a quedar con él durante mucho tiempo (Bennett, 2022).

Modalidades de pago

Los modos de pago se refieren básicamente a las formas en que se transfieren los fondos de una cuenta bancaria a otra. Los modos de pago no se limitan a recibir o transferir dinero, sino que también pueden incluir la retirada de efectivo para uso personal, por lo que hay varias formas de utilizar el dinero: tarjetas de débito, tarjetas de crédito, efectivo y cheques.

Efectivo

El dinero en efectivo es una de las formas de pago más antiguas, y sigue utilizándose como herramienta. El efectivo tiene muchas ventajas, pero la más común es que se tiene acceso inmediato a los fondos. Sin embargo, el efectivo no es la forma más segura de realizar pagos, ya que puede perderse, extraviarse, ser robado o incluso destruido con facilidad, y como el efectivo no deja rastro en papel, no puedes recuperar tu dinero si te han estafado (TFIG, s.f.).

Cheque

Un cheque es una forma fechada y firmada de dar instrucciones a un banco para que pague una determinada cantidad de dinero a otra persona. Los cheques pueden depositarse y cobrarse, por lo que son ideales para realizar intercambios monetarios entre particulares. Hay varios tipos de cheques; vamos a hablar de ellos.

- Cheque certificado - Este tipo de cheque tiene la garantía de no rebote porque se certifica que el dador tiene dinero suficiente.

- Cheque nómina - Este tipo de cheque lo entrega el empresario al empleado para compensarle por su trabajo.

- Cheque de caja - Este cheque lo firma un empleado del banco porque el banco es responsable de los fondos. Los cheques de caja son necesarios para transacciones de mayor envergadura, como la compra o la hipoteca de una casa.

- Cheques sin fondos - Se trata de cheques sin fondos que se utilizan para realizar transacciones de gran cuantía, pero que no funcionan porque el beneficiario no tiene fondos suficientes.

(Kagan, 2021)

El banco suele emitir tarjetas de crédito, que permiten tomar fondos prestados del banco. Cuando el titular de la tarjeta inicia una transacción, se compromete a devolver el dinero a la entidad en unplazo limitado y también a pagar intereses. Hay varios tipos diferentes de tarjetas de crédito (Cussen, 2022). Explorémoslos.

Tarjetas estándar

La mayoría de las veces, estas tarjetas no tienen cuota anual, y simplemente permiten a los usuarios utilizar una determinada cantidad de crédito.

Tarjetas Premium

Las tarjetas Premium tienen privilegios especiales, como el acceso a las salas VIP de los aeropuertos, eventos especiales y mucho más. El único inconveniente es que exigen el pago de una cuota anual más elevada.

Tarjetas de recompensa

Estas tarjetas ofrecen a los usuarios algunas recompensas en función del uso que hagan de la tarjeta. Estos premios pueden incluir puntos de viaje y devolución de efectivo.

Tarjetas de transferencia de saldo

Estas tarjetas tienen tasas y comisiones introductorias y te permiten transferir dinero a otra tarjeta de crédito.

Tarjetas de crédito garantizadas

Estas tarjetas de crédito requieren que pagues un depósito al banco antes de utilizarlas.

Tarjetas de crédito

Estas tarjetas no tienen límite mensual, pero no puedes seguir utilizándolas si no pagas las facturas del mes.

Las tarjetas de crédito tienen muchas ventajas. Le permiten construir su historial crediticio, que a menudo es necesario para comprar una casa o un coche o pedir una hipoteca.

También le proporcionan cobertura si su garantía expira. Además, le protegen del robo o fraude con tarjeta. Sin embargo, las tarjetas de crédito tienen bastantes desventajas. En primer lugar, gastar dinero sin límite puede endeudarte rápidamente, sobre todo si gastas por encima de tus posibilidades. En segundo lugar, tener una tarjeta de crédito y no utilizarla o pagar tarde las facturas puede afectar gravemente a su historial crediticio. Por último, hay que pagar bastantes comisiones para que la tarjeta siga funcionando, y estas comisiones no incluyen los intereses, que hay que pagar aparte por cada compra (Cussen, 2022).

Consejo nº 17:

¿Quiere aumentar su presupuesto de vacaciones? Aproveche las recompensas de las tarjetas de crédito. Utilizar un programa de viajero frecuente que le permita acumular millas aéreas es una forma eficaz de disfrutar de vuelos descontados y sacar el máximo partido a sus tarjetas de crédito.

Tarjetas de débito

Una tarjeta de débito es similar a una tarjeta de crédito, ya que permite realizar pagos; sin embargo, la mayor diferencia es que el dinero procede directamente de la cuenta del usuario y no de una entidad. Existen tres tipos de tarjetas de débito: estándar, EBT y prepago.

- Tarjetas de débito estándar- Estas tarjetas se extraen directamente de su cuenta bancaria y utilizan el dinero que ya tiene.

- Tarjetas de transferencia electrónica de beneficios - Estas tarjetas suelen ser emitidas por el gobierno y permiten a los usuarios utilizar los beneficios para realizar determinadas compras.

- Tarjetas de débito prepago- Estas tarjetas están llenas de saldo y permiten a los usuarios realizar compras electrónicas hasta el importe cargado.

(Cussen, 2022)

Las tarjetas de débito son ideales para quienes no controlan sus impulsos y temen gastar más de la cuenta y endeudarse. Estas tarjetas no tienen cuotas anuales e incluso te protegen del fraude. Sin embargo, hay algunos contras que pueden ser un rompe cuentas para ti si te planteas elegir este modo de pago. Las tarjetas de débito no ofrecen recompensas ni ayudan a acumular crédito, por lo que si estos son algunos de los servicios que busca, considere la posibilidad de elegir una tarjeta de crédito (Cussen, 2022).

Dinero en efectivo o crédito: ¿cuál debe utilizar?

Decidir qué modo de pago va a utilizar es muy importante porque, en última instancia, determina qué cuenta y qué banco elige. Tanto el efectivo como el crédito tienen sus ventajas e inconvenientes y, al final, elegir entre ellos depende de lo que busque. Sin embargo, puede resultar un poco difícil entender por dónde empezar, así que vamos a facilitarle la decisión (*Efectivo frente a crédito: ¿cuál utilizar?*, 2021).

Cuándo utilizar efectivo

El dinero en efectivo es una forma muy fácil de comprar cosas, ya que está disponible en todas partes y es cómodo. Estas son algunas de las razones por las que puedes elegir el dinero en efectivo en lugar del crédito.

Cuando quiera evitar comisiones

Las tarjetas de crédito o débito requieren el pago de cuotas mensuales de mantenimiento, por lo que si quieres reducir al mínimo la cantidad de dinero que gastas, es buena idea pagar en efectivo (*Efectivo frente a crédito: ¿qué usar?*, 2021).

Cuando quiera mantener el crédito, utilice el bajo

Las puntuaciones de crédito tienen un gran impacto en las hipotecas y los préstamos y, según la CFPB, si quieres tener una buena puntuación de crédito, debes mantenerla por debajo del 30%. Así que, si ves que tu puntuación de crédito supera esa cantidad, intenta cambiar a dinero en efectivo para minimizar el daño a tu puntuación de crédito (*Efectivo Vs. Crédito: ¿Cuál usar?* 2021).

Cuando es más cómodo

A veces, es más fácil utilizar efectivo, sobre todo si se compra comida a vendedores ambulantes o se da propina a alguien. Así que, si buscas comodidad, usa efectivo (*Efectivo frente a crédito: ¿qué usar?* 2021).

Cuando tiene problemas para ajustarse al presupuesto,

Tener una tarjeta de crédito se te puede ir rápidamente de las manos, y es fácil que gastes más de la cuenta. Si quieres ceñirte a un presupuesto o te cuesta ceñirte a uno, prueba a cambiar al dinero en efectivo (*Efectivo frente a crédito: ¿qué usar?* 2021).

Consejo nº 18:

Pagar en efectivo es una forma estupenda de ajustarse al presupuesto. Retire la cantidad que piensa gastar con antelación, y así sabrá exactamente cuánto puede gastar. Esto reducirá las compras im- pulso y te evitará muchos quebraderos de cabeza relacionados con las finanzas.

> ## Consejo nº 19:
>
> Si no quieres cargar con toneladas de dinero, siempre puedes optar por una tarjeta de débito. Son una forma eficaz de presupuestar, ya que puedes hacer un seguimiento de tus compras en tiempo real. Además, vienen equipadas con medidas de seguridad adicionales, como protección contra el fraude y pólizas de responsabilidad cero en caso de robo o uso no autorizado de la tarjeta.

Cuándo utilizar el crédito

Las tarjetas de crédito pueden ser muy beneficiosas si se utilizan correctamente. He aquí algunos ejemplos algunas razones para elegir las tarjetas de crédito en lugar del efectivo.

Cuando quieres algo a cambio

Las tarjetas de crédito le ofrecen muchas recompensas, y a menudo pueden darle puntos de viaje o devolución de dinero. Si eso es lo que quieres, considera la posibilidad de usar una tarjeta de crédito (*Efectivo frente a crédito: ¿cuál usar?* 2021).

Cuando quiera crear crédito,

Las tarjetas de crédito te ayudan a mejorar tu puntuación crediticia. Estas puntuaciones pueden ser muy útiles para demostrar que eres un solicitante responsable y así conseguir mejores ofertas y tipos de interés (*Efectivo frente a crédito: ¿cuál usar?* 2021).

Cuando quieras sentir que tienes el control,

Es mucho más fácil controlar el dinero utilizando tarjetas de crédito; puedes ver exactamente a dónde ha ido a parar y gestionar tus gastos. También puedes configurar el pago automático y abonar las facturas sin tener que preocuparte por si se te pasa el plazo (*Efectivo frente a crédito: ¿qué usar?* 2021).

De viaje

Las tarjetas de crédito facilitan mucho los viajes, ya que no hay que preocuparse por extraviar el dinero. Además, ahora es mucho más fácil estafar a la gente en Internet, y cuando se hacen pedidos en línea, hay muchas posibilidades de que no se reciba el producto por el que se ha pagado. Por eso es una buena idea pagar estas compras con tarjeta de crédito o débito, porque si ocurre algo, puedes pedir en caso de devolución. También puede bloquear su tarjeta si la pierde o se la roban, de modo que nunca tendrá que preocuparse por extraviarla (*Efectivo frente a crédito: ¿qué usar?* 2021).

Resumen

- Elegir un banco será una de las decisiones más importantes de su vida, ya que puede afectar a su situación financiera, así que asegúrese de investigar y elegir uno que se ajuste a sus objetivos.

- Las cuentas corrientes están muy bien si quieres la comodidad de una tarjeta de débito o crédito, pero si quieres ahorrar, necesitas una cuenta de ahorro de alto rendimiento.

- Elige bancos con comisiones generales bajas para ahorrar el máximo dinero posible. Si buscas comisiones por gastos generales especialmente bajas, abre una cuenta en una cooperativa de crédito o en un banco online.

- Busca siempre una cuenta bancaria que se adapte a tu estilo de vida.

- Puede parecer tedioso, pero entiende y lee todas las condiciones antes de firmar con un banco.

- Piense en las formas de pago antes de decidirse por una cuenta bancaria. ¿Quiere la comodidad de una tarjeta de crédito y débito, o prefiere utilizar efectivo? Los bancos cobran dinero por las tarjetas, así que no sirve de nada contratar una tarjeta y pagar dinero si no tiene interés en utilizarlas.

- Las tarjetas de crédito son estupendas si quiere aumentar su crédito, pero si teme endeudarse con ellas, utilice una tarjeta de débito, ya que utiliza el dinero que ya tiene en su cuenta.

- Si quiere evitar comisiones adicionales, evite utilizar tarjetas y limítese al efectivo.

3–Todo sobre los Benjamines

Picasso afirmó: "Nuestras metas sólo pueden alcanzarse a través del vehículo de un plan, en el que debemos creer fervientemente y sobre el que debemos actuar con vigor. No hay otro camino hacia el éxito". Esta cita pone realmente en perspectiva por qué las herramientas financieras son necesarias para alcanzar sus objetivos financieros. Teniendo en cuenta su importancia, este capítulo se centra en hablar sobre el ahorro y la elaboración de presupuestos para que puedas alcanzar el éxito: ahorrar dinero por completo y crear un presupuesto y un fondo de emergencia.

Ahorro

Ahorrar significa, básicamente, reservar una parte de los ingresos para el futuro. Pero, ¿por qué necesitamos ahorrar dinero exactamente? Bueno, mucha gente tiene diferentes objetivos para ahorrar dinero, y estos objetivos pueden ser tanto a largo como a corto plazo. Por ejemplo, puedes ahorrar una parte de tu dinero para comprarte un teléfono nuevo, o puedes ahorrar para comprarte una casa (¿Qué es ahorrar? s.f.).

A algunas personas les puede parecer confuso por qué la gente espera para gastar su dinero cuando podría simplemente comprar lo que quisiera en ese mismo momento. Sin embargo, hay varias razones por las que la gente no gasta todo su dinero en cosas que le gustan todo el tiempo. En primer lugar, no todas las personas ganan lo mismo; de hecho, la mayoría trabaja por el salario mínimo. Además, algunas personas no sólo tienen la responsabilidad de cuidar de sí mismas; la mayoría de las veces, cuidan de un miembro de la familia e incluso de mascotas, por lo que la flexibilidad financiera puede no ser fácil para ellas. Puede que esto aún no sea suficiente para convencer a las personas que nunca han ahorrado realmente dinero en su vida porque nunca lo han necesitado, así que aquí van algunos de los principales beneficios del ahorro (¿Qué es ahorrar? s.f.).

Te da una pieza de Mind.

Saber que tienes cierta cantidad de dinero acumulada en el banco te quita un gran peso de encima. Le garantiza que podrá mantenerse a sí mismo y a los demás y que podrá hacer frente a cualquier gasto de emergencia (Importance of Savings, n.d.).

Acceso a fondos para oportunidades inesperadas y acontecimientos imprevistos o desafortunados

Nunca sabes cuándo puedes encontrarte con una situación inesperada, y la mayoría de las personas nunca se preparan para ellas, así que cuando se encuentran con problemas, no tienen la capacidad mental ni el respaldo financiero para hacerse cargo de ese problema. Es posible que tengan que pedir ayuda a amigos y familiares para organizar los fondos de emergencia, y aunque depender de ellos está bien, no es una buena imagen, e incluso puede afectar a su situación financiera (10 importantes beneficios de ahorrar dinero, 2019)

Límites Deuda

Tener ahorros puede limitar la cantidad de deuda en la que puedes caer, ya que no tendrás que depender de las tarjetas de crédito para comprarte cosas. Al principio, las tarjetas de crédito parecen muy cómodas; sin embargo, no lo son en absoluto, ya que comprarás cosas para las tarjetas de crédito y luego pagarás intereses por tus compras, y si estas facturas no se liquidan, siguen acumulándose hasta que estés totalmente endeudado. Tener ahorros también evitará que pidas préstamos de emergencia, y estos préstamos suelen tener tipos de interés mucho más altos (5 BENEFITS OF SAVING MONEY, s.f.).

Aumenta la seguridad financiera en la vejez

La mayoría de la gente piensa en los beneficios a corto plazo del ahorro, y la mayor parte de las veces ahorran porque tienen algún tipo de objetivo que alcanzar; por ejemplo, algunas personas ahorran dinero para poder comprarse un coche, una propiedad, una casa o un apartamento. nuevo teléfono, o financiar unas vacaciones. Y aunque no hay nada malo en ahorrar para un objetivo a corto plazo, ahorrar también puede tener muchos beneficios a largo plazo, y uno de estos beneficios es ahorrar dinero para la jubilación. La mayoría de las personas no tienen trabajos que les proporcionen fondos para la jubilación, por lo que depende totalmente de ellas encontrar formas de ahorrar dinero para su jubilación. Incluso las personas que cobran una pensión no reciben lo suficiente para cubrir todas sus necesidades. Ahorrar sólo un pequeño porcentaje de sus ingresos durante varios años puede proporcionarle una cantidad considerable de dinero para su jubilación. La mayoría de la gente no quiere ahorrar dinero para la jubilación porque, para ser sinceros, la vida es impredecible, y ni siquiera sabes si vivirás lo suficiente para ver esos fondos en acción, pero ¿y si vives? Solo esa pregunta debería motivarte a asegurar tu comodidad característica gastando solo un poco menos hoy (10 importantes beneficios de ahorrar dinero, 2019).

Finanzas Libertad

Cuando tienes dinero ahorrado, puedes utilizarlo libremente sin sentirte culpable porque has acumulado el dinero para mantener tu estilo de vida. Es relajante saber que se dispone de finanzas a las que recurrir si se necesitan fondos urgentes. Por eso existe un marcado contraste entre las personas que viven de sueldo en sueldo y las que ahorran su dinero y luego lo gastan libremente (10 importantes beneficios de ahorrar dinero, 2019).

Ahorro Estrategias

He aquí algunas estrategias que pueden facilitarte el ahorro.

Páguese usted primero

"Págate a ti mismo" se ha convertido en una frase muy popular en las finanzas personales, y básicamente significa darte a ti mismo una cierta cantidad de dinero, pero en realidad ese dinero va a una cuenta de ahorro específica. Dado que su dinero va automáticamente a una cuenta de ahorro, técnicamente se está pagando primero a sí mismo, o al menos a una versión futura de sí mismo que le agradecerá haber hecho una contribución dedicada a los ahorros cada mes. Aunque no suene necesariamente emocionante, pensar en pagarte a ti mismo una parte del dinero que tanto te ha costado ganar antes de regalarlo todo en las facturas hace que esa contribución mensual sea mucho más especial y personal. Naturalmente, elimina la tentación de saltarse un mes y derrochar. Puedes decidir por ti mismo cuánto quieres ahorrar, y esto suele depender de la razón por la que ahorras el dinero y de cuánto puedes permitirte ahorrar (Kagan, 2021).

Reducir gastos innecesarios

Si revisa sus hábitos de gasto y recorta gastos menores, como darse de baja de servicios que no utiliza, probablemente podrá ahorrar mucho dinero. Aquí tienes otras formas de reducir gastos innecesarios.

- Después de un largo día de trabajo, la gente no tiene realmente energía para cocinar comida en casa, lo que a menudo les lleva a pedir comida para llevar. Pero pedir comida todos los días no sólo es muy malo para la salud, sino que también puede hacer mella en tus ingresos. Aunque sea difícil, intenta hacer la comida en casa al menos dos veces por semana. Si cocinar todos los días no es realista para ti, puedes aprovechar los fines de semana para preparar las comidas de la semana, de modo que tengas la mayor parte del trabajo hecho y sólo tengas que calentar la comida durante la semana. Puedes seguir la misma ideología para el café. Es muy cómodo tomar una taza de café de camino al trabajo, pero gastar dinero en café todos los días o un par de veces al día puede parecer un gasto pequeño, pero puede sumar cientos de dólares al mes. Así que prueba a preparar el café en casa para reducir el gasto que supone comprarlo a diario.

- El mejor consejo que me han dado es que nunca hay que hacer la compra sin una lista de la compra y con el estómago vacío. Cuando vas sin un plan, estás más tentado comprar algo porque puede que lo necesites. Hacer una lista puede ayudarte a mantenerte en el buen camino, a encontrar los artículos que quieres mucho más rápido y a hacer que la planificación y preparación de las comidas sea mucho más asequible y organizada.

- A veces, nos suscribimos a un servicio en caliente, lo utilizamos unas cuantas veces y nos olvidamos de darnos de baja. Así que, básicamente, acabas pagando por un servicio que no utilizas. Es hora de darse de baja y empezar a ahorrar ese dinero o, al menos, darle un buen uso.

- Ponga todas sus facturas en pago automático porque, cuando está ocupado, es fácil olvidarse de pagar las facturas, lo que significa tener que pagar cargos adicionales por demora.

(54 Ways To Save The Money, s.f.) (Reiner, 2022)

> ## Consejo nº 20:
>
> Tómate tu tiempo para pensar en cada compra antes de hacerla, así sabrás que no la estás comprando en caliente. Pregúntese: ¿Es algo que necesito ahora? ¿Esta compra me hará más feliz a largo plazo? ¿Con qué frecuencia lo utilizaré? Estas preguntas pueden ayudarle a evitar compras impulsivas que se acumulan con el tiempo y le distraen de sus objetivos financieros.

Abrir cuentas de ahorro de alta rentabilidad con bancos en línea

Una cuenta de ahorro de alto rendimiento le paga entre 20 y 25 veces más que una cuenta de ahorro normal. Normalmente, la gente elige un banco y abre una cuenta corriente y otra de ahorro para transferir fondos fácilmente de un lado a otro. Sin embargo, los bancos en línea han cambiado drásticamente el sector bancario al facilitar a los ciudadanos el acceso a bancos exclusivos de Internet que ofrecen tipos de interés más altos. tipos de interés más altos en forma de "cuentas de ahorro de alto rendimiento". Pero los tipos que ofrecen las cuentas tradicionales y las de alto rendimiento no pueden ser tan diferentes, ¿verdad? Pues bien, piense que usted abre una cuenta de ahorro con 1.000 dólares y, además, ahorra 100 dólares cada mes. Una cuenta de ahorro tradicional le ofrece un 007 por ciento de interés por sus ahorros, mientras que una cuenta de ahorro de alto rendimiento le ofrece un 0,50 por ciento. Al cabo de 12 meses, una cuenta tradicional te pagará 1,16 dólares, mientras que una de alto rendimiento te pagará 8,27 en intereses. Este valor puede parecer pequeño, pero basta con ver la diferencia de intereses (Lake, 2023) (Karl, 2021).

Tener una cuenta de ahorro de alto rendimiento tiene algunas desventajas. En primer lugar, es posible que tenga que utilizar diferentes instituciones para sus cuentas, y aunque no es un gran problema porque puede transferir dinero electrónicamente con facilidad, es una pequeña desventaja a tener en cuenta. Normalmente, las entidades que ofrecen cuentas de ahorro de alto rendimiento tienen funciones limitadas, por lo que es posible que su entidad no ofrezca cajeros automáticos, tarjetas de crédito y débito ni cuentas corrientes. Por lo tanto, para acceder a sus fondos, es posible que tenga que abrir una cuenta corriente en otro banco (Karl, 2021).

Consejo nº 21:

A la hora de buscar una cuenta de ahorro de alto rendimiento, es importante encontrar una con tipos de interés competitivos y comisiones limitadas. Asegúrese de comparar el porcentaje de rendimiento anual (APY) de los distintos bancos e instituciones financieras, ya que esto determinará cuánto ganará con su dinero a lo largo del tiempo. Además, infórmese de las ofertas o bonificaciones de lanzamiento que puedan estar disponibles. Éstas pueden ayudarle a maximizar sus ganancias en las primeras etapas de una cuenta. No obstante, no olvide tener en cuenta las posibles comisiones o gastos de servicio asociados a la apertura y gestión de la cuenta.

Utilizar sabiamente el dinero inesperado

Cuando recibes una ganancia inesperada, más comúnmente llamada prima o dinero que recibes fuera de tus ingresos regulares, tu primer instinto es gastarlo. Sin embargo, hay bastantes formas de maximizar estos ingresos, así que vamos a comentar algunas.

- Lo primero que tienes que hacer es pedir consejo, porque el dinero extra puede conllevar sus propios retos. Considera la posibilidad de ponerte en contacto con un abogado, un asesor o planificador financiero o un profesional fiscal. saber administrar su dinero, ya que las ganancias inesperadas son devoluciones de impuestos, premios de lotería y acuerdos judiciales.

- Aunque no sea lo más emocionante, debería saldar todas sus deudas pendientes en cuanto reciba una ganancia inesperada. Si lo haces, podrás liberar dinero para alcanzar otros objetivos financieros que tengas pendientes y también mejorar tu puntuación crediticia.

- Reserve algo de dinero en su fondo de emergencia para cualquier imprevisto futuro. Y si aún no has creado un fondo de emergencia, ahora es el mejor momento para hacerlo.

- Después de reservar algo de dinero para un fondo de emergencia, haz una aportación a tu fondo de jubilación.

- Siempre es un buen gesto tener en cuenta a tus amigos y familiares cuando recibes una ganancia inesperada; sin embargo, asegúrate de no ser demasiado generoso y dejar que la gente se aproveche de ti.

(Qué hacer con una ganancia inesperada, s.f.)

Consejo n° 22:

Gastar el dinero inesperado libre y rápidamente puede ser tentador. Sin embargo, debes resistir el impulso de derrochar y utilizar los fondos extra estratégicamente para construir tu futuro.

Buscar formas de aumentar el ahorro

Actualmente, el coste de la vida está por las nubes, e incluso personas que ya trabajaban de 9 a 5 han empezado a tener un segundo empleo para poder mantenerse. E incluso si no estás luchando por salir adelante, todo el mundo puede beneficiarse de un trabajo secundario, ya que puede hacer que tu vida sea drásticamente cómoda y ayudarte a alcanzar tus objetivos financieros. Antes de poner en marcha el negocio, he aquí algunas cosas que quizá quieras tener en cuenta.

1. Aunque un negocio secundario sea una segunda prioridad, le dedicarás mucho tiempo, así que antes de invertir dinero y esfuerzo en él, asegúrate de que tu agenda puede soportar un segundo trabajo.

2. Trabajar más de 40 horas a la semana puede ser muy abrumador para la gente, y después de un largo día de trabajo, la mayoría de las personas no tienen realmente la creatividad o el impulso para emprender otro proyecto, es decir, a menos que el proyecto te apasione. Un proyecto paralelo te exigirá mucho, así que asegúrate de que es algo que te entusiasma para motivarte.

3. No es necesario monetizar todas las aficiones o todo lo que nos produce algún tipo de alegría; sin embargo, si estás endeudado o necesitas dinero extra, una afición o un negocio del que no obtengas beneficios podría no funcionarte. Además, los negocios secundarios no son rentables desde el principio, y puede que necesites construir tu base de clientes y credibilidad en la industria antes de empezar a recibir pedidos o beneficios. Precisamente por eso es necesario que el coste inicial sea bajo.

(Ferguson, 2020)

Ahora que ya hemos hablado de algunas cosas que pueden afectar a tu negocio secundario, vamos a hablar de algunas ideas para un negocio secundario.

- Crear productos hechos a mano- Hay algo especial en las aficiones que se convierten en negocios rentables. Muchas grandes empresas empezaron como pequeños vendedores independientes que hacían productos en sus tiempo libre. Puedes convertir cualquier cosa en un negocio, ya sea pintar, hacer manualidades, ganchillo o incluso carpintería. Sin duda, crear cosas a mano lleva mucho tiempo, y la gente puede comprar algo similar por mucho menos precio en las empresas de moda rápida, pero las cosas hechas a mano suelen ser únicas y se fabrican de forma ética. Además, las cosas hechas a mano son raras, así que es una forma muy fácil de destacar en un sector saturado de moda rápida. Al ser una empresa más pequeña, tienes muchas más oportunidades de alinear tus prácticas con tus creencias éticas y contribuir positivamente al planeta, razón por la cual las empresas más pequeñas utilizan materiales reciclados y envases ecológicos.

- Utiliza las redes sociales y empieza a ser influyente: con la llegada de aplicaciones que te permiten crear contenidos breves como YouTube, Instagram y Tik Tok, hacerse famoso y compartir tu pasión con el mundo es mucho más fácil. Muchas personas han empezado a dejar sus trabajos a tiempo completo después de hacerse famosas en Tik Tok y se han convertido en influencers a tiempo completo, y no hay ninguna razón por la que tú tampoco puedas. No necesitas tener una afición rara para hacerte famoso; la mayoría de la gente se hace famosa reseñando productos. Tardarás un tiempo en empezar a ganar dinero, pero construir una audiencia lentamente es mucho mejor que estallar instantáneamente, porque esto último parece desvanecerse igual de rápido.

- Imparte cursos online- Puedes enseñar las habilidades y materias que ya tienes a personas de todo el mundo. Si has trabajado en varios sitios, puedes hablar de cómo alguien puede superar una entrevista, cómo negociar un salario o incluso cómo pedir un ascenso. Muchos recién licenciados no tienen información de este tipo. Buscan toda la ayuda posible en este sector tan competitivo. Puedes utilizar plataformas como Coursera y Udemy para llegar a un público internacional o YouTube.

(Ferguson, 2020)

> ## Consejo nº 23:
>
> A la hora de vender artículos de segunda mano en Internet, es importante que investigues qué artículos similares se han vendido recientemente en los sitios que estás considerando. Esto le ayudará a fijar un precio competitivo para maximizar sus beneficios potenciales. Explica claramente su estado y proporciona medidas y descripciones precisas para mantener una reputación positiva entre los compradores. Además, limpiar el artículo y hacer buenas fotos ayudará a que destaque entre otros artículos similares.

Aproveche el interés compuesto para aumentar sus ahorros con el tiempo

El interés compuesto es asombroso porque no sólo estás ganando intereses sobre tu saldo, sino que los intereses se reinvierten, por lo que obtienes aún más beneficios sobre ellos. Si quieres que tus ahorros crezcan en poco tiempo, el interés compuesto es el camino a seguir, especialmente si tienes una cuenta de ahorro de alto rendimiento. Considere el ejemplo que comentamos al hablar de la diferencia entre cuentas de ahorro y cuentas de ahorro de alto rendimiento: usted tiene un depósito inicial de 1.000 dólares y añade 100 dólares cada mes. Supongamos que tiene una cuenta de ahorro de alto rendimiento que le da 0,50 dólares de beneficio. En ese caso, ganará aproximadamente unos 8 dólares en 12 meses. Aun así, si a esa ecuación le añades intereses com- pensados, tu dinero se reinvertirá en tu cuenta de ahorro. También ganará intereses por esos 8 dólares. Aunque esto no parezca una gran diferencia, es decir, ¿cómo van a cambiar tu vida exactamente 8 dólares? Pero tenemos que pensar en la sostenibilidad a largo plazo de nuestras cuentas. Recuerde que vivimos en una época en la que el dinero pierde valor rápidamente, y si mantiene su dinero en una cuenta de ahorro de alto rendimiento y acumula intereses, al menos podrá seguir el ritmo de la inflación. Por no mencionar que, obviamente, tus ahorros crecerán con el tiempo y ganarás intereses compuestos, así que en un periodo de 5 años ganarás una buena cantidad de dinero, dependiendo obviamente de cuánto ahorres. Pero antes de abrir una cuenta que genere intereses compuestos, debe comprender algunas variables clave.

- Lo primero que influye en su interés compuesto es el tipo de interés que gana por sus depósitos.

- Lo segundo que debe tener en cuenta es con cuánto dinero empieza. El interés compuesto se acumula, pero se basa en tu depósito inicial.

- La frecuencia de capitalización también afecta a los intereses, ya que el dinero puede capitalizarse una vez al día, al mes o al año. Esto determinará la rapidez con la que crecerá su saldo.

- El interés compuesto depende de la duración de su cuenta de ahorro. La duración se refiere básicamente al periodo de tiempo que tendrás la cuenta, y cuanto más tiempo dejes tu dinero en ella, más intereses y compuestos tendrá.

- Por último, debe tener en cuenta sus depósitos mensuales y si va a realizar alguno. Además, debe tener en cuenta la frecuencia con la que va a retirar dinero, ya que el ritmo utilizado para acumular saldo de capital marca una gran diferencia a largo plazo.

(Ashford, 2022)

Una vez que comprenda estos aspectos clave del interés compuesto, podrá tomar una decisión mucho más informada al respecto y podrá formular las preguntas adecuadas.

Consejo nº 24:

Empiece a invertir lo antes posible y de forma constante en cuentas que devenguen interés compuesto. El interés compuesto es una herramienta increíblemente poderosa para hacer crecer sus ahorros a lo largo del tiempo. Al aprovechar el poder del interés compuesto, puede hacer que su dinero trabaje para usted y ver cómo sus ahorros crecen exponencialmente con el paso de los años, aprovechando la oportunidad de ganar intereses tanto sobre el capital como sobre los intereses devengados anteriormente. Esto puede tener un gran impacto en la cantidad de dinero que tiene ahorrado para la jubilación o para otros objetivos a largo plazo.

Presupuestos

El ahorro sólo puede funcionar si va acompañado de un presupuesto, pero ¿qué es exactamente? Un presupuesto es un plan detallado de cómo piensa gastar sus ingresos mensuales y sus finanzas en general. Básicamente, le permite evaluar sus ingresos por adelantado y ver si tendrá suficiente para cubrir todos sus gastos. Si descubre que no tiene suficiente dinero, puede encontrar la manera de conseguir financiación extra, ya sea consiguiendo un trabajo a tiempo parcial o pidiendo un préstamo, o incluso reestructurando su presupuesto para sacarle el máximo partido. La elaboración de presupuestos puede ser una herramienta muy poderosa, porque te permite controlar totalmente cómo, dónde y cuándo gastar tu dinero. cuando gastas tu dinero. Cuando conozcas los conceptos básicos de los presupuestos, podrás controlar tus gastos hasta el último céntimo. La gente suele sorprenderse mucho cuando hace un presupuesto porque ve cuánto dinero gasta en cosas innecesarias. Cuando compramos algo, actuamos con la mentalidad de "qué daño pueden hacer cinco dólares a nuestras finanzas". El problema es que gastamos mucho más que cinco dólares al día, y esos dólares se van acumulando. Elaborar un presupuesto te ayuda a detectar estos gastos y a controlarlos para que puedas ceñirte a tus planes financieros y alcanzar tus objetivos (¿Qué es presupuestar? ¿Qué es un presupuesto?, s.f.) (Caldwell, 2021)

El problema es que la palabra "presupuesto" deja un mal sabor de boca a la gente porque piensan que presupuestar significa que hay que pellizcar los céntimos, hacer sacrificios y recortes drásticos en la vida cotidiana, y para la mayoría de las personas esto supone un cambio de vida. Pero el presupuesto no tiene por qué ser nada de eso. La mayoría de las veces, nos ayuda a entender dónde estamos perdiendo dinero y nos permite ver si podremos permitirnos nuestro estilo de vida durante un mes. También nos permite cubrir nuestras necesidades y darnos un capricho sin endeudarnos (¿Qué es presupuestar? ¿Qué es un presupuesto?, s.f.) (Caldwell, 2021)

Consejo nº 25:

Haga un inventario de todo el dinero que entra y sale de su hogar, como ingresos, pagos de alquiler/hipoteca, pagos de tarjetas de crédito y cualquier otro fondo de salida regular. Conocer a fondo sus ingresos puede ayudarle a determinar si gasta dentro de sus posibilidades o por encima de ellas. Intenta crear una hoja de cálculo presupuestaria que haga un seguimiento de todos tus gastos cada mes en una plantilla personalizable basada en la información que ya conoces sobre ti. Esto le dará una idea exacta de cuánto dinero recibe y gasta cada mes y le facilitará la asignación de fondos en consecuencia.

Mitos presupuestarios

Algunos mitos comunes sobre los presupuestos impiden que la gente los utilice plenamente, así que vamos a discutir algunos de ellos ya desmentirlos.

Hay que ser bueno con los números

Si bien es cierto que se necesitan conocimientos básicos de matemáticas para hacer un presupuesto, no es en absoluto algo difícil de hacer. Siempre que sepas hacer operaciones matemáticas básicas, como sumar, restar, multiplicar y dividir, podrás hacerlo fácilmente. Y si eso le parece un poco difícil, entonces puede utilizar aplicaciones y calculadoras para hacer las cuentas por usted (Top Budgeting Myths, n.d.) (Ramsey Solutions, 2022)

No tengo tiempo para presupuestar

Una vez que sepas cómo estructurar tu presupuesto, no te llevará mucho tiempo configurarlo. Hay un montón de aplicaciones y otras herramientas presupuestarias que puedes utilizar para que el proceso sea aún más sencillo (Top Budgeting Myths, s.f.).

Ya hago un presupuesto porque controlo todo lo que gasto

Llevar la cuenta de todos los gastos es sólo un aspecto de la elaboración de un presupuesto. Por un lado, se supone que el presupuesto es un plan financiero para el mes siguiente en el que se decide cuánto y en qué se va a gastar el dinero. Esto puede ser diferente para cada persona; algunos empiezan el proceso presupuestario haciendo un esquema de todas las facturas y servicios públicos y cuánto van a costar. Otros se centran en examinar sus gastos del mes anterior e incluirlos en su presupuesto (Ramsey Solutions, 2022).

Los presupuestos son restrictivos

La gente huye de presupuestar porque asume que tiene que decir adiós a todo lo que le resulta placentero, y aunque presupuestar funciona mejor si tienes autocontrol y te abstienes de las compras impulsivas, no tienes por qué matar todos tus deseos. Puede que tenga que renunciar a gastar dinero en algunas pequeñas cosas, pero eso le ayudará a alcanzar sus objetivos a largo plazo (Top Budgeting Myths, s.f.).

Presupuestar es aburrido

No todo el mundo disfrutará con la tarea servil de calcular todas las facturas e ingresos y clasificarlos, pero si te desagrada especialmente hacer un presupuesto, puedes considerarlo una tarea a la que no puedes renunciar, como ponerte a secar o fregar los platos. Por mucho que intente retrasar las tareas, al final tendrá que hacerlas. Con el paso del tiempo, es posible que incluso empezar a disfrutar de la parte de la planificación, especialmente si compras un planificador y material de papelería para que sea divertido. Al fin y al cabo, no es la tarea más emocionante o interesante, pero hacerla te permitirá tener libertad financiera (Ramsey Solutions, 2022).

No tengo suficiente dinero para presupuestar, ¿para qué molestarse?

La presupuestación no es sólo para las personas que tienen mucho dinero; de hecho, funciona mejor para las personas que tienen ingresos limitados, porque te ayuda a maximizar tus ingresos (Top Budgeting Myths, s.f.).

Cómo establecer un presupuesto

Hay varias formas de elaborar un presupuesto, pero normalmente se utilizan dos estrategias principales: el presupuesto de base cero y el presupuesto global. Aunque son estrategias muy populares, puede que no funcionen para todo el mundo. Es una buena idea probarlas, pero tendrás que modificarlas en consecuencia.

Base cero

Presupuesto cero significa básicamente que dividirás la totalidad de tu sueldo o ingresos hasta que no quede nada. Esto no significa que vaya a gastar todo su dinero, sino que todo lo que gane tendrá un lugar y un propósito específicos, de modo que no quede ni un céntimo en el olvido. Lo primero que debe hacer es hacer una lista de todos sus gastos y calcular cuánto gasta o quiere gastar en cada categoría. Lo siguiente que tienes que hacer es restar tus gastos de tus ingresos, para que todo sea igual a cero. Si termina con un número negativo, significa que está gastando más dinero del que gana y, en este caso, necesita recortar sus gastos (Ramsey Solutions, 2022).

El problema del presupuesto cero, o de cualquier otro presupuesto, es que hay que controlar constantemente los gastos y las transacciones. Pero bastantes aplicaciones pueden ayudarte con este problema. Además crear un nuevo presupuesto cada mes, modificándolo ligeramente según las necesidades. a sus preferencias (Ramsey Solutions, 2022).

La gente suele comparar el presupuesto cero con el presupuesto 50/30/20, pero son bastante diferentes. El presupuesto 50/30/20 significa básicamente que el 50% de los ingresos se destina a las necesidades, el 30% a las cosas que se desean y el 20% a los ahorros. Aunque es bastante fácil de manejar, el presupuesto deja mucho que desear. En primer lugar, estos porcentajes no cambian independientemente de los problemas personales que tengas, así que no es flexible. Además, el presupuesto considera la deuda como una necesidad, y sólo puedes hacer pagos mínimos. Por lo tanto, si busca un sistema presupuestario más flexible, pruebe el presupuesto cero (Ramsey Solutions, 2022).

Presupuesto

El presupuesto de sobres es un sistema basado en el dinero en efectivo que se creó para ayudar a las personas a las que les cuesta ceñirse a un límite financiero específico. Cuando se pagan las cosas con tarjeta, es fácil distanciarse del dinero que se gasta. Un presupuesto basado en el dinero en efectivo le ayuda a saber cuánto gasta realmente. Coge unos cuantos sobres y dedica cada uno a una categoría distinta. Asigna efectivo a cada categoría, en función de lo que tengas previsto gastar. Una vez que se agote el dinero de un sobre concreto, no podrás utilizar más dinero hasta que llegue el mes siguiente. Esto te permite controlar mejor tus gastos y evitar salirte del presupuesto, ya que te ayuda a controlar tus gastos. Sin embargo, este tipo de presupuesto tiene algunas desventajas. Puede llevar más tiempo que otros métodos, no es tan seguro como utilizar una tarjeta de crédito o débito, y las posibilidades de robo o estafa son mayores (Lake, How Does the Envelope Budgeting System Work? 2022).

Consejo nº 26:

Utilice el método del sobre si no se le da muy bien controlar los gastos o no puede resistirse a las tarjetas de débito o crédito.

Guía general sobre cómo presupuestar en

Empezar cualquier proyecto nuevo puede resultar abrumador porque hay mucha información contradictoria en Internet. Para hacerte la vida más fácil, aquí tienes nueve pasos que te ayudarán a establecer el presupuesto más eficiente.

Paso 1- Determine sus ingresos,

En primer lugar, debe evaluar sus ingresos mensuales para saber de cuánto dinero dispone. Esto puede ser complicado para algunos porque tienen múltiples fuentes de ingresos, que no siempre son consis- tentes. Si tiene su propio negocio, debe reservar una parte de los ingresos cada mes para su propio salario, de modo que su dinero para gastos esté separado del de los negocios. Si no te pagan mensualmente sino anualmente, debes dividir el dinero por 12 (Caldwell, 2021).

Etapa 2- Enumerar las categorías de gastos obligatorios

Lo segundo que tienes que hacer es una lista de todos los gastos típicos que haces cada mes. Esta lista puede incluir todas las facturas, como el alquiler, la electricidad, el agua, la calefacción e internet, y también todos los demás gastos que haces para mantenerte, como la comida, el seguro médico, los medicamentos (si tomas alguno) y el transporte (Caldwell, 2021).

Paso 3- Enumerar las categorías de gastos discrecionales

A continuación, haz una lista de todas las cosas en las que sueles gastar dinero pero que no son realmente necesarias en tu vida. Son cosas que quieres pero que no necesitas a menudo. Por ejemplo, cosas como la suscripción a un gimnasio, la decoración del hogar, el aseo personal, comer fuera, los servicios de suscripción y la ropa, entre otras muchas cosas. También puede incluir cualquier otra aportación que haga, como contribuciones a su fondo de emergencia o a su cuenta de jubilación. No tendrás ningún problema si reduces estos gastos durante un tiempo, pero no debes preocuparte; estas cosas no se eliminan del presupuesto. Una vez que hayamos calculado la aportación económica fija que vamos a hacer para cada cosa, éstas pueden pasar a la lista de gastos obligatorios (Caldwell, 2021).

> **Consejo nº 27:**
>
> No seas víctima de la publicidad y el marketing. Los anunciantes saben cómo captar tu atención y hacer que desees lo que venden. Para evitar las compras impulsivas, no utilice las compras como una forma de relajarse o desconectar del estrés del trabajo o la vida doméstica. No compres por impulso: si algo te llama la atención, espera hasta más tarde, cuando tengas tiempo de pensarlo antes de comprarlo. Para los artículos que realmente necesitas o quieres, busca rebajas y ofertas especiales.

Paso 4- Calcular los gastos

Ahora que lo tienes todo por escrito, empieza por asignar valores a cada uno de los elementos de la lista. Haz un cálculo aproximado de la cantidad de dinero que gastas en cada categoría (Caldwell, 2021).

Paso 5- Comparar gastos estimados y reales

Hazte con tu historial de gastos de los tres últimos meses y calcula cuánto gastas realmente cada mes. Para ello puedes ayudarte de tus extractos bancarios y recibos. Compara los valores con las cifras estimadas y, si encuentras una discrepancia importante, debes centrarte en minimizar tus gastos (Caldwell, 2021).

Paso 6- Asigne límites de gasto dentro de sus ingresos

Una vez que tenga claro cuánto gasta cada mes, es hora de establecer límites. Empiece por los gastos obligatorios y luego sume los valores y réstelos de los ingresos totales. La cantidad restante puede dedicarse a gastos discrecionales y a alcanzar objetivos de ahorro. Pero no se gaste todo el dinero; asegúrese de que se asigna un valor fijo a cada categoría, y estas categorías incluyen los fondos de ahorro y de jubilación (Caldwell, 2021).

Paso 7: Buscar formas de recortar gastos

Si te estás pasando de tus ingresos mensuales, tienes que encontrar áreas en las que puedas recortar gastos. Empieza por reducir la cantidad que gastas en actividades discrecionales y recorta ese gasto. A continuación, puedes encontrar formas de recortar el dinero de tus gastos obligatorios y hacerlo gastando menos en comida, cogiendo servicios de transporte comunal en vez de conducir, etc. si por alguna razón no eres capaz de llegar a fin de mes, entonces puede que sea el momento de conseguir un segundo trabajo u otro diferente (Caldwell, 2021).

Paso 8: Controle sus gastos

Una vez establecido el presupuesto, cíñete a él y deja de gastar dinero en cada categoría cuando alcances el límite de gasto que te has fijado. Si quieres gastar más en una categoría, puedes transferir el dinero de cualquier otra categoría; sin embargo, no puedes añadir más al propio presupuesto (Caldwell, 2021).

Paso 9: Planificar el próximo mes

Dar el paso inicial es lo más difícil, y una vez que empieces con el presupuesto, te resultará más fácil con el paso del tiempo. Solo tienes que examinar cómo gastas tu dinero cada mes y hacer ajustes en función de tus gastos (Caldwell, 2021).

> **Consejo nº 28:**
>
> Considere la posibilidad de utilizar una aplicación móvil de presupuestos para mayor comodidad. Las aplicaciones de presupuestos te ayudan a hacer un seguimiento de sus gastos y a planificar con antelación sus objetivos futuros, haciendo que el proceso de gestión de las finanzas sea mucho más fácil. La mayoría de las aplicaciones de presupuestación vienen con características tales como notificaciones automáticas cuando las facturas vencen, por lo que nunca se perderá un pago y puede mantenerse al tanto de su situación financiera sin necesidad de comprobar manualmente constantemente.

Crear un fondo de emergencia

Un fondo de emergencia es exactamente lo que parece: usted reserva una parte de sus ingresos mensuales para gastos imprevistos, como reparaciones de la casa o el coche o facturas médicas. Un fondo de emergencia es esencial si quieres tener un plan financiero sólido. Te ayuda a hacer frente a cualquier gasto no deseado y a evitar endeudarte. Sin un fondo, no tendrás más remedio y tendrás que recurrir a pedir préstamos con intereses altos o utilizar tarjetas de crédito (Investopedia, 2022).

Una pregunta habitual que surge cuando se quiere crear un fondo de emergencia es cuánto dinero es suficiente. Un fondo de emergencia suele cubrir de 3 a 6 meses de gastos, lo que significa cubrir lo básico, no sustituir todos los ingresos. Pero calcular cuánto ahorrar no es tan fácil porque las situaciones individuales complican el proceso, así que antes de ponerte a ahorrar el dinero, aquí tienes algunas preguntas que debes tener en cuenta (Investopedia, 2022).

- ¿Cuántas personas mantiene o viven en su hogar?

- ¿Cuántas personas trabajan en el hogar?

- ¿Cuál es la cantidad mínima de dinero que necesitas para cubrir todos tus gastos?

- ¿Cuál es la estabilidad de sus ingresos mensuales?

El número de personas que mantienes y la estabilidad de tus ingresos afectan realmente a la cantidad que puedes destinar a tu fondo de emergencia. Recuerda siempre que la cantidad debe ser realista (Lake, How To Create An Emergency Fund, 2021).

Consejo nº 29:

"Mantén tu fondo de emergencia separado de tu cuenta corriente porque no querrás echar mano accidentalmente de esos ahorros".

¿Cuándo debo utilizar mi fondo de emergencia ?

Las emergencias pueden surgir en cualquier momento y, por mucho que te prepares para ellas, siempre serán estresantes. Lo menos que puedes hacer por ti es crear un fondo de emergencia para aliviar la carga mental y física causada por la emergencia (Bennet, 2023). Cuando trabajaba en uno de mis primeros empleos, tropecé accidentalmente y me caí por las escaleras, rompiéndome el tobillo. Pude recibir atención médica inmediata, pero como tenía una fractura, tuve que renunciar a varias semanas de trabajo hasta recuperarme del todo. Así que me puse a planificar mi presupuesto para los dos meses siguientes y me di cuenta de que tendría dinero suficiente para cubrir mis gastos porque ya tenía un fondo de emergencia en marcha. No era suficiente para cubrir todos mis gastos, pero tenía lo justo para poder centrarme en recuperar mi cuerpo lo antes posible. Nadie podía prever el accidente, pero tener un fondo de emergencia al que recurrir me salvó la cordura.

Aparte de la situación personal que he ilustrado, hay otras ocasiones en las que es conveniente utilizar el fondo de emergencia. Un fondo de emergencia puede utilizarse para gastos básicos tras la pérdida de un empleo o un descenso de categoría, para pagar las reparaciones importantes de un coche tras un accidente y para ayudar con las reparaciones urgentes de la casa. Aparte de eso, también puede utilizar su fondo de emergencia para pagar cualquier viaje inesperado, especialmente si tiene que visitar a un ser querido enfermo o si alguien ha fallecido (Irby, 2022).

Consejo nº 30:

Hágase estas 3 preguntas antes de echar mano de su fondo de emergencia:

» " ¿Es un gasto importante o normal?

» " ¿Tengo que conseguir este dinero inmediatamente?

» " ¿Puedo utilizar otros recursos para reunir efectivo para este gasto concreto?

Cómo crear un fondo de emergencia

Crear un fondo de emergencia no es tan complicado como parece. Sólo hay 5 pasos importantes que debes seguir para ahorrar con éxito.

1. Establecer varios objetivos más pequeños

En lugar de intentar ahorrar para seis meses desde el principio, intenta fijarte primero un objetivo de un mes. Establecer objetivos más pequeños y alcanzarlos te mantiene motivado para que puedas seguir ahorrando dinero (5 steps to building an emergency fund, s.f.).

2. Empiece poco a poco y sea regular

Sé realista sobre la cantidad de dinero que puedes aportar cada mes. Empieza ahorrando un pequeño porcentaje cada mes y ve aumentándolo a medida que aumenten tus ingresos (5 steps to building an emergency fund, s.f.).

3. Automatice su ahorro

La forma más fácil de ahorrar dinero es automatizándolo, para que se deposite directamente en tu cuenta en cuanto tengas ingresos. Por eso es una buena idea crear una cuenta completamente separada para tu fondo de emergencia (5 steps to building an emergency fund, n.d.).

4. No aumente el gasto mensual ni abra nuevas tarjetas de crédito

La gente suele olvidarse de actualizar la cantidad que ahorra a medida que crece en su profesión. Por eso, si te sobra mucho dinero a final de mes, quizá deberías plantearte aumentar la cantidad que dedicas a tus cuentas de ahorro y emergencia (5 steps to building an emergency fund, s.f.).

5. No ahorre en exceso

No seas demasiado ambicioso y destines una parte excesiva de tus ingresos al ahorro. Aunque ahorrar grandes cantidades de dinero puede resultar más fácil, no es económicamente viable para la mayoría de la gente. Además, es probable que tu fondo de emergencia esté en una cuenta de bajo interés, por lo que puedes evitar pagar cargos adicionales por él, así que contribuir en exceso podría devaluar tu dinero (5 steps to building an emergency fund, s.f.).

Ahora que hemos llegado al final del capítulo, veamos un ejemplo de planificador presupuestario para que entiendas mejor cómo estructurarlo.

Presupuesto Planificador

Alojamiento	Personal	Alimentación	Deuda	Transporte	Guardar
Hipoteca	Internet	Comida para llevar	Deudas de estudios	Public transport	Fondo de jubilación
Electricidad	Afición	Tienda	Préstamos para coches	Petrol	Fondo de emergencia
Agua	Alcohol	Cenar fuera	Gastos de tarjetas de crédito	other	
Teléfono	Otros	Otros	Seguro médico		
Gas			Otros		
Total:	Total:	Total:	Total:	Total:	Total:

Tenga en cuenta que los presupuestos serán diferentes para cada persona en función de cuáles sean sus objetivos y a qué desee dar prioridad.

Resumen

- Abre una cuenta de ahorro porque te ayuda a limitar las deudas, te da libertad financiera y te ayuda a ahorrar dinero para la jubilación.

- Es una buena idea dar prioridad a tus ahorros antes de gastar el dinero en facturas.

- Cocine en casa y cancele las afiliaciones que no utilice para ahorrar dinero.

- Abra cuentas de ahorro de alto rendimiento en lugar de cuentas de ahorro normales, porque le ofrecen tipos de interés más altos.

- Crea un negocio paralelo para obtener una fuente de ingresos adicional.

- Empiece a presupuestar para supervisar y controlar dónde y cómo gasta su dinero.

- Elaborar un presupuesto requiere tiempo y esfuerzo, pero merece la pena.

- Además de la típica cuenta de ahorros, también deberías crear un fondo de emergencia para gastos o incidentes imprevisibles.

- La cantidad de dinero de su fondo de emergencia variará en función del número de personas a su cargo.

- Antes de utilizar tu fondo de emergencia, pregúntate si es la situación adecuada para utilizarlo y si este gasto puede posponerse.

- Empieza ahorrando pequeñas cantidades de dinero y fijándote metas más pequeñas, porque cuando alcanzas un objetivo, te sientes motivado para seguir ahorrando dinero.

4–Bang Para Su Buck

Thomas Jefferson dijo una vez que nunca hay que gastar el dinero antes de tenerlo, y tenía toda la razón. Muchas personas cometen el error de comprar cosas que no necesitan necesariamente simplemente porque les gustan, después de todo, cobrarán el mes que viene. Pero este comportamiento no es sostenible, y además desordena tu presupuesto, de modo que, aunque en ese momento estarás satisfecho, te causará muchos problemas a largo plazo. Teniendo en cuenta este problema, el capítulo 4 se centrará en el concepto de coste de oportunidad y en cómo afecta al gasto. También hablaremos de cómo gastar el dinero de forma inteligente.

Oportunidad Coste

El coste de oportunidad significa renunciar a bienes o servicios para comprar lo que quieres. Piensa que has reservado un dinero para irte de viaje con tus amigos. Te vas de viaje y te gastas 500 dólares. Ahora que te has gastado el dinero, no puedes gastarte más dinero en otra cosa. Esto no significa necesariamente que estés gastando mal tu dinero, simplemente significa que no tienes otra forma de utilizar el dinero una vez que ya lo has gastado en otra cosa (Coste de oportunidad, s.f.).

> ## Consejo nº 31:
>
> Una forma de aprovechar al máximo el coste de oportunidad es ser consciente de las decisiones de gasto e intentar maximizar cada dólar gastado. Por ejemplo, si está decidiendo entre dos inversiones, sólo debería decidir después de investigar a fondo ambas oportunidades y sopesar sus rendimientos potenciales. Puede ser beneficioso analizar qué opción tiene menos riesgos y más beneficios para evitar pérdidas financieras por falta de conocimientos o decisiones equivocadas.

Gastar bien el dinero

Casi todos los adultos tienen que aprender a gastar el dinero con sensatez porque, por desgracia, no es una habilidad que se enseñe en la escuela. Muchas familias tampoco se sienten cómodas hablando en casa de cuestiones y problemas relacionados con el dinero, por eso muchos adultos tienen dificultades para presupuestar y tienden a gastar más de la cuenta. Aprender a gastar el dinero con sensatez es esencial para lograr la independencia financiera. Cuando vives con tus padres, tienes algo a lo que recurrir, así que tus ingresos no son desechables. Sin embargo, la transición a la edad adulta requiere mucha reflexión y concentración sobre cómo gastar el dinero. No sólo tienes que pagar la hipoteca, sino también los préstamos estudiantiles, las cuotas del coche, las facturas de las tarjetas de crédito y cualquier otro gasto que tengas. Cuando aprendas a gastar tu dinero adecuadamente, podrás averiguar cómo estructurar tu presupuesto y tomar el control de tu situación financiera (Laney, 2022). Estos son algunos consejos para gastar el dinero de forma inteligente.

> ### Consejo nº 32:
>
> Para asegurarse de que su dinero llega lo más lejos posible, asegúrese de dar prioridad en primer lugar a lo esencial, como la vivienda y la comida, y luego busque fondos para otras cosas, como ocio, viajes o ropa.

Siga sus hábitos de gasto

Es fácil pasarse del presupuesto si no se controlan los hábitos de gasto. La gente no lleva la cuenta de sus gastos porque es tedioso y lleva mucho tiempo. Pero la tecnología nos ha facilitado mucho la tarea de llevar un registro de todo el dinero que gastamos. Hay varias formas de hacerlo, pero la más común es utilizar un registrador de gastos. Los registradores de gastos tienen muchas formas diferentes, y elegir uno depende de cómo gastes el dinero. Si prefiere simplificar las cosas, puede anotar sus gastos en un papel o llevar un pequeño diario de gastos. Sin embargo, si te resulta tedioso apuntarlo todo, puedes descargarte aplicaciones que te permiten sincronizar tu cuenta bancaria con tu rastreador, de modo que todo se importa, categoriza y controla automáticamente (Miller, 2022).

> ### Consejo nº 33:
>
> Puede ser útil hacer un seguimiento de los gastos anotando todas las compras que realizas en un diario presupuestario, una aplicación o una hoja de cálculo. Esto te dará una visión precisa de en qué gastas cada mes el dinero que tanto te cuesta ganar.

Identifique áreas para reducir o eliminar el gasto

Si se queda corto de dinero cada mes, puede pensar que simplemente no está ganando lo suficiente, pero no siempre es así. A veces hacemos gastos innecesarios, y no nos damos cuenta de cuánto de nuestro dinero duramente ganado están consumiendo estos gastos. Antes de que empieces a pensar en buscarte otro trabajo o en montarte un negocio paralelo, aquí tienes algunas formas de reducir tus gastos.

Actualizar suscripciones

La gente contrata varias suscripciones a lo largo de un año, desde servicios de streaming hasta publicaciones y programas de gimnasia. Pero si no ha utilizado estas suscripciones en los últimos tres meses, es hora de deshacerse de ellas. Si te parece inviable eliminarlas por completo de tu vida, comprueba si puedes suscribirte a una alternativa más barata. Siempre puedes volver a suscribirte cuando tengas una mejor situación económica (Milliken, 2022) (Morris, 2023).

Ahorre en servicios públicos

Obviamente, se puede vivir sin agua ni electricidad, pero se puede encontrar formas de reducir el coste de sus facturas. He aquí algunas formas de hacerlo:

- Sustituye tus bombillas por bombillas LED. Al principio cuestan un poco más, pero duran más y consumen mucha menos electricidad.

- Invierte en un termostato que pueda programarse o controlarse a través de una aplicación. Esto te permitirá reducir el sistema de calefacción y refrigeración cuando no estés en casa, ahorrando así dinero en las facturas.

- Desenchufa los aparatos eléctricos cuando no estén en uso.

- Apaga las luces adicionales cuando salgas de una habitación o de tu casa.

(Morris, 2023)

Consolidar deudas

Si fuiste a la universidad y conducías tu propio coche, es posible que aún estés pagando algunas deudas estudiantiles o préstamos para coches. Estos pagos mensuales pueden consumir una gran parte de tus ingresos porque probablemente estés pagando un mínimo del 16% de intereses por esas deudas. La mejor manera de reducir la cantidad que paga en intereses es consolidar su deuda. Se trata de combinar varias deudas en un solo pago mensual para reducir los intereses y saldar la deuda lo antes posible (Milliken, 2022).

Buscar un seguro más barato

Hay muchas compañías que ofrecen seguros de coche o médicos de bajo coste con otras tantas ventajas, y a menudo nos las perdemos porque no investigamos antes de decidirnos por un plan de seguro. Ahora es el momento de buscar compañías que ofrezcan seguros baratos o paquetes de descuentos (Morris, 2023).

Comer en casa

Preparar la comida en casa puede ser muy tedioso, por eso la gente opta por la comodidad de la comida para llevar y las entregas a domicilio. Pero estas entregas de comida pueden acumularse con el tiempo y hacer que gastes mucho más de lo que tenías previsto inicialmente en comida. Puedes empezar por preparar un plan de comidas y luego comprar y preparar la comida el fin de semana. Así te resultará mucho más fácil preparar la comida. También puedes cocinar comidas para toda la semana, congelarlas y consumirlas a lo largo de la semana (Milliken, 2022).

Comprar con una lista

Tendemos a distraernos y a comprar cosas que realmente no necesitamos cuando hacemos la compra. Para reducir al mínimo eldinero que gastas en cosas innecesarias.

Para comprar las cosas necesarias, siempre hay que llevar una lista. Es un hábito muy sencillo, pero puede ayudarle a reducir drásticamente los gastos en alimentación y también a planificar las comidas. Siga añadiendo cosas a la lista a lo largo de la semana y, cuando llegue el momento de hacer la compra, divida los artículos en categorías para que sea más fácil cogerlos una vez que esté en un pasillo específico (Milliken, 2022).

Opciones de vivienda más baratas

Uno de los gastos más importantes es el de la vivienda y, si estás gastando mucho dinero en ella, quizá sea el momento de reducir el tamaño. Sin embargo, si eso no es aplicable a tu situación, hay otras cosas que puedes plantearte, como buscarte un compañero de piso o mudarte a una zona más barata de tu región (Milliken, 2022).

Entender la diferencia entre deseos y necesidades

Entender la diferencia entre deseos y necesidades puede ser uno de los pasos más difíciles porque varía de una persona a otra. Es fácil confundir los deseos con las necesidades si uno está acostumbrado a ello. Los deseos no son intrínsecamente algo malo, de hecho, a menudo pueden ayudarle a lograr objetivos personales, pero a menudo son innecesarios para su bienestar. Algunos ejemplos de necesidades son las facturas de los servicios públicos, el alquiler, la atención sanitaria y la terapia, la medicación, los desplazamientos y la comida, y algunos ejemplos de deseos son salir a cenar, comprar ropa nueva, viajar, el ocio, las suscripciones mensuales y las cuentas de streaming (Pant, 2022).

Si quieres ser económicamente independiente, es importante entender la diferencia entre necesidades y deseos. Saber diferenciar entre ambas cosas puede ayudarnos a tomar mejores decisiones financieras y a asegurarnos de que utilizamos nuestro dinero de forma responsable. También nos ayuda a priorizar nuestros gastos y a reservar fondos para ahorrar de forma más eficaz. Además de todo esto, también ayuda a evitar caer en costosos errores. deudas reduciendo al mínimo los gastos para comprar sólo lo necesario (Pant, 2022).

Aplique prácticas de compra inteligentes para ahorrar dinero en

Si tiene la sensación de que se queda sin dinero en cuanto se lo ingresan en la cuenta, es posible que tenga una fuga de gastos. Estas compras impulsivas e innecesarias pueden parecer pequeñas, pero pueden sumar y, una vez que deje de gastar dinero en estas compras, se sorprenderá al descubrir cuánto dinero extra ha ahorrado (Plug Your Spending Leaks, s.f.).

Consejo nº 34:

Tapar las fugas de gasto: Las fugas de gasto, también conocidas como deslizamiento del estilo de vida, se producen cuando pequeños gastos que no se notan o no se controlan empiezan a acumularse con el tiempo. Son los cafés de más que se compran aquí y allá y los pequeños artículos que siguen apareciendo en la cesta de la compra sin que te des cuenta.

La forma más eficaz de tapar sus fugas de gasto es hacer un seguimiento de todo lo que gasta. Anote el dinero que gasta y guarde los recibos para garantizar la exactitud. Una vez identificadas las fugas financieras, puede trabajar para taparlas. Examine cada compra y gasto y pregúntese si es algo que realmente necesita y cuánto dinero le cuesta cada mes. Estas preguntas pueden ayudarte a despejar cualquier duda que puedas tener sobre el gasto y a decidir si merece la pena continuar o no. Si no quiere eliminar por completo el gasto de su vida, puede ser beneficioso considerar alternativas que le aporten valor pero tengan un coste menor. Utilizar cupones y aprovechar las rebajas es una de las mejores formas de disfrutar de las cosas sin salirse del presupuesto (Plug Your Spending Leaks, s.f.).

Consejo nº 35:

Investiga antes de hacer grandes compras y busca siempre más de una fuente de información. Un buen punto de partida es leer los comentarios en Internet sobre el producto. Las personas que ya han comprado el producto pueden dar su opinión sincera sobre si lo recomiendan o no, así como sobre algunos posibles problemas o aspectos que pueden mejorarse.

Consejo nº 36:

Sé creativo y busca soluciones alternativas a artículos o servicios caros. Analiza tus hábitos de gasto y asegúrate de que aprovechas al máximo las soluciones económicas para todo, desde el transporte hasta la vivienda.

Revisa e intenta encontrar alternativas más baratas para todo, especialmente si tienes un presupuesto limitado. Por ejemplo, si coges taxis y Uber con frecuencia, plantéate optar por el transporte público en su lugar. No sólo ahorrará bastante dinero, sino que además es mucho más sostenible para el medio ambiente. Utilizar el transporte público también te ahorra el dolor de cabeza de intentar llamar a un taxi. Del mismo modo, si gastas mucho dinero en comprar el almuerzo todos los días, quizá puedas llevar tu propia comida, que es mucho más barata pero sabe igual de bien. A la hora de comprar ropa, prueba a buscar alternativas, como la ropa de segunda mano. Los artículos usados no sólo cuestan mucho menos dinero, sino que también encuentras piezas únicas. Puedes seguir manteniendo tu armario al día sin tener que arruinarte.

Consejo nº 37:

Sea proactivo en la búsqueda de ofertas, descuentos y programas de recompensas.

Si sabes dónde buscar, podrás encontrar infinidad de sitios web dedicados a encontrar descuentos. Incluso puedes echar un vistazo a plataformas de redes sociales como Twitter y Facebook para encontrar ofertas. Apuntarse a la lista de correo electrónico de las tiendas es otra buena forma de encontrar descuentos y ofertas. Algunas tiendas incluso ofrecen cupones que se pueden utilizar en la tienda o en línea y que reducen aún más el coste de los artículos. Además, muchas compañías de tarjetas de crédito ofrecen puntos de recompensa por cada compra que se haga, y estos puntos pueden utilizarse para comprar productos o tarjetas regalo o pueden gastarse en gastos de viaje.

Consejo nº 38:

Pide consejo a amigos y familiares antes de tomar decisiones de compra importantes.

Preguntar a amigos y familiares antes de tomar grandes decisiones financieras puede ser muy eficaz, ya que nos ayuda a evaluar si merece la pena invertir en los productos. Los amigos y la familia suelen proporcionarnos comentarios honestos sobre sus experiencias con el producto y nos dan una idea realista de cómo funciona el artículo. A la hora de hacer preguntas, asegúrese de centrarse en cuestiones importantes como, por ejemplo, ¿en qué le ha ayudado el producto? ¿O recomendaría este producto? Recuerdo que hace un par de años, cuando iba a comprarme un portátil, pregunté a mis amigos y familiares por los mejores portátiles de mi rango de precios, ya que quizá conocieran portátiles de buena calidad. Al principio, quería un portátil de bajo precio porque quería utilizarlo para tareas sencillas, pero mi tío me sugirió que comprara otro modelo que costaba mucho más de lo que quería gastarme. Me aseguró que el portátil era de muy buena calidad y, siguiendo su consejo, lo compré. Hoy sigo utilizando el portátil y sigo sorprendido de lo bien que funciona. Ni siquiera tuve que repararlo ni sustituir ninguna pieza. Cabe decir que, a partir de entonces, consulté a mi familia cada vez que hacía una compra importante.

Consejo nº 39:

Espere al menos 24 horas antes de tomar la decisión de comprar algo para evitar las compras impulsivas.

Cuando compras algo, no sólo estás gastando el dinero que tanto te cuesta ganar, sino también tu tiempo y tu energía. Si no sopesas los pros y los contras cada vez que compras algo, acabarás comprando cosas que no son necesarias. ¿La solución? El principio de las 24 horas. El principio de las 24 horas significa básicamente que si quieres evitar las compras impulsivas y el remordimiento y la culpa que las siguen, debes darte al menos 24 horas antes de decidir si quieres hacer la compra, sobre todo si se trata de una compra importante. Cuando tomamos decisiones inmediatas, a menudo nos basamos en las emociones más que en la lógica, y las emociones pueden dominar nuestra lógica, pero si le das 24 horas, la lógica entrará en acción y tomará el control. Cuando pasen las 24 horas y sigas queriendo el producto, quizá debas comprarlo y, si ya no te interesa, puede que haya sido un impulso pasajero del que te habrías arrepentido más adelante. Lo mejor de este principio es que te permite reflexionar sobre la compra y decidir si merece la pena. (Cómo esperar 24 horas puede evitar el remordimiento del comprador, s.f.).

Congelación del gasto Challenge

- Si quiere ahorrar dinero rápidamente, tal vez pueda probar el reto de la congelación. Pero, ¿cómo se participa exactamente en el reto de la congelación? Esto es lo que tienes que hacer:

- Lo primero que hay que hacer es fijar la duración del así que empieza poco a poco y haz el reto durante una semana. Durante estos 7 días, no gastarás nada de dinero. Piensa en posibles formas de superarlo en lugar de tratar de inventar excusas.

- Empieza el domingo y continúa hasta el sábado. No te presiones, si no puedes completarlo esta semana, quizá puedas volver a intentarlo la semana que viene.

- No gastes dinero. Esto incluye comer fuera, hacer la compra, lavar el coche, contratar a una canguro o cualquier otra cosa en la que suelas gastar dinero.

- Las facturas de servicios públicos no suelen incluirse en la impugnación de la congelación del gasto.

- El gasto en gasolina depende de ti. Algunas personas consideran que el gas es una necesidad más que un deseo. Si no se trata de una factura o de un gasto imprevisto, debes esperar a que termine el reto de la congelación para gastar dinero en ella.

(Page, s.f.)

Resumen

- Puede ser una buena idea adoptar la mentalidad del coste de oportunidad para no salirse del presupuesto.

- Gastar con sensatez es esencial para alcanzar los objetivos financieros independencia.

- Lleva siempre un registro de todos tus gastos.

- Identifique las áreas en las que puede reducir la cantidad de dinero que gasta.

- Buscar una alternativa más barata a las suscripciones, comer y vivienda, entre otras cosas.

- Entender que hay una diferencia entre necesidades y deseos.

- Pide consejo sincero a tus amigos y familiares.

5–ROMPER EL BANCO

"Hay tres clases de personas: los que tienen, los que no tienen y los que no han pagado por lo que tienen". - Earl Wilson

En los últimos capítulos se ha hablado de la creación de buenos hábitos, así que este capítulo se centrará en los motivos por los que la gente se endeuda y analizará los distintos tipos de deudas. También le proporcionará estrategias para superarlas y le explicará cómo puede establecer un buen crédito y reparar el malo.

Deuda

La deuda es básicamente el dinero que una parte pide prestado a otra para conseguir un objetivo. Normalmente, las grandes empresas, como los bancos, prestan dinero a la gente para que puedan hacer grandes compras que no podrían permitirse en circunstancias normales. El dinero se pide prestado bajo ciertas normas y tiene que devolverse con una determinada cantidad de intereses en un plazo limitado (Chen, 2022). Sin embargo, hay otras razones por las que la gente se endeuda, así que vamos a analizar algunas de ellas.

Bajos ingresos o Subempleo

Las personas que no ganan mucho dinero, y entran en el grupo de bajos ingresos, podrían no tener suficiente dinero para pagar todas sus facturas, ya que todo su dinero se destina a mantenerse (Furniss, 2016).

Divorcio y ruptura de la relación

Cuando las parejas se divorcian, sus ingresos se reducen drásticamente. Además, la gente necesitan toneladas de dinero para pasar por un proceso de divorcio (Furniss, 2016).

Mala gestión del dinero

Las personas que no presupuestan, ahorran o se preparan para emergencias son las que tienen más probabilidades de endeudarse. Por eso es necesario vigilar las cuentas bancarias y los gastos, y recortar gastos en caso de sobrecarga financiera (Furniss, 2016).

Los altos costes de Living

Aparte de la inflación en general, algunas personas también tienen la desgracia de vivir en zonas caras del país. Esto significa que, por lo general, los precios de la vivienda son más elevados, los desplazamientos más largos y las demandas de alquiler (Furniss, 2016).

Uso excesivo de las tarjetas de crédito

Los puntos de crédito o las ofertas de crédito sin intereses suenan interesantes; sin embargo, las personas pueden endeudarse rápidamente si no pagan habitualmente las facturas de sus tarjetas (Furniss, 2016).

Salud en declive y gastos médicos

La sanidad es muy cara en la mayoría de los países y las personas enfermas tampoco pueden trabajar. Precisamente por eso los gastos médicos son la causa más común de endeudamiento. Lo triste es que algunas enfermedades no son el resultado de una negligencia, sino que son accidentes desafortunados, por lo que no es algo que la gente pueda evitar (Furniss, 2016).

Gastos inesperados

Los accidentes ocurren, así que tener ahorros o una buena póliza de seguros es esencial. Sin embargo, muchas personas intentan sobrevivir día a día, por lo que realmente no pueden permitirse el lujo de tener una póliza de seguro, ni disponen de dinero extra para reservar para un fondo de emergencia (Furniss, 2016).

Empleo Pérdida

Tener un salario regular proporciona mucha seguridad financiera, por lo que cuando las personas acaban perdiendo su empleo, no pueden pagar las facturas y se endeudan (Furniss, 2016).

Vivir por encima de sus posibilidades Educación y deuda estudiantil

Casi todos los que van a la universidad tienen una deuda estudiantil que necesitan pagar, por lo que una gran parte del dinero se deduce de cada cheque de pago que ganas. Lo único bueno es que este tipo de deuda no afecta a la puntuación crediticia de las personas (Furniss, 2016).

Tener hijos

Aunque tener hijos es una experiencia que todo padre desea vivir, no es ningún secreto que los niños son extremadamente caros. Por eso, algunas personas se endeudan cuando empiezan a mantener a sus hijos (Furniss, 2016).

Negocio fallido y negocio Gastos

Emprender un nuevo negocio puede ser un gran paso para muchas personas, pero muchas empresas no consiguen atraer la atención del público general, lo que las lleva al fracaso. Como propietario de una empresa que ha quebrado, es posible que tenga muchas deudas (Furniss, 2016).

Deuda buena y deuda mala

A diferencia de la creencia popular, algunas deudas pueden considerarse buenas si tienen el potencial de aumentar su patrimonio neto total. Las hipotecas, los préstamos estudiantiles o las deudas contraídas para crear su propia empresa son ejemplos de deuda b u e n a . Por otro lado, si contrae una deuda para comprar un activo que se deprecia, entonces está acumulando una deuda mala. Los coches, la ropa y otros bienes de consumo son ejemplos de deuda mala (Smith, 2023).

Consejo nº 40:

Fíjese como objetivo el tipo de interés más bajo posible. Además de reducir la cantidad de dinero que tienes que devolver cada mes, también puede tener un efecto positivo a la hora de presentar la declaración de la renta.

Formas de evitar las deudas

Las deudas son algo que te acechan sigilosamente, pero eso no significa que no puedas limitar la posibilidad de caer en ellas. He aquí algunas formas de evitar las deudas.

- Hacer un presupuesto es estupendo porque no sólo te ayuda a saber en qué gastas el dinero, sino también a aprovechar al máximo cada céntimo que ganas. Así, si alguna vez tienes que recortar gastos, sabrás exactamente en qué áreas.

- Si tienes que recurrir a la tarjeta de crédito para disponer de efectivo, entonces estás abusando de tus finanzas y necesitas recortar tus gastos.

- Una de las cosas más peligrosas que puedes hacerte es caer en la idea errónea de que puedes permitirte algo simplemente porque tienes una tarjeta de crédito, aunque no ganes necesariamente lo suficiente para cubrir el gasto. Si no puedes pagarlo en efectivo, entonces no puedes permitírtelo.

- Pagar con tarjeta puede escapársele rápidamente de las manos, así que utilice efectivo siempre que sea posible.

(10 estrategias para evitar endeudarse, s.f.)

Consejo nº 41:

Evite la inflación del estilo de vida. Evita caer en la trampa de actualizar tu estilo de vida cada vez que aumentan tus ingresos.

Estrategias para saldar deudas rápidamente

Tratar de deshacerse de su deuda puede ser muy abrumador, ya que no se sabe muy bien por dónde empezar. Aunque no hay formas correctas o incorrectas de deshacerse de la deuda, hay algunos métodos que pueden funcionar para usted. Los métodos más populares son el de la avalancha y el de la bola de nieve (Comparing the snowball and the avalanche methods of paying down debt, n.d.)

Método de la bola de nieve

La bola de nieve es una estrategia de reducción de la deuda que le anima a pagar sus deudas empezando de la más pequeña a la más grande. Es una de las formas más populares y eficaces de deshacerse de las deudas, ya que le permite establecer un calendario. Este método funciona para la gente porque parece el menos desalentador. Ves resultados continuos que te mantienen motivado para que puedas seguir pagando la deuda lo más rápido posible. La bola de nieve sólo funciona si tienes una pequeña cantidad de deuda, así que si no funciona, prueba el método de la avalancha. (Soluciones Ramsey, 2022).

Consejo nº 42:

Si su carga total de deudas es grande, puede ser mejor centrarse en atacar primero los préstamos con los tipos de interés más altos, sin importar el orden en que se encuentren.

Consejo nº 43:

Sea honesto con su presupuesto: tener una visión realista de lo que realmente puede permitirse cada mes es clave a la hora de decidir si este planteamiento le funcionará.

Consejo nº 44:

Conócete a ti mismo y mantente motivado: aunque el método de la bola de nieve requiere tiempo y dedicación, puede ayudar a motivar a una persona mostrándole sus progresos a medida que empieza a pagar sus préstamos de uno en uno.

Método Avalancha

El método de la avalancha es el opuesto al método de la bola de nieve. Puedes empezar por la deuda que tenga el tipo de interés más alto y pagarla primero mientras pagas el mínimo en el resto. Esta es una forma muy eficaz de minimizar el interés total mientras trabajas para deshacerte de todas tus deudas. Este método funciona mejor para las personas que pueden permitirse hacer más del pago mínimo cada mes y hacer frente a varias deudas simultáneamente. Crear un presupuesto y controlar el progreso te ayuda a mantenerte organizado para que puedas seguir realizando los pagos cada mes (Smith, 2023) (Zinn, 2022).

> **Consejo nº 45:**
>
> Utilice el método de la avalancha cuando tenga varias deudas y dé prioridad a la reducción del importe total de la deuda sobre la velocidad de reembolso.

Crédito

El crédito es el historial crediticio de una persona o empresa. El crédito le ayuda a hacer tratos con el banco y determina si podrá obtener un préstamo para un coche, un préstamo estudiantil o una hipoteca. Las puntuaciones de crédito son esenciales, incluso si no necesariamente quiere comprar algo y muchas personas miran su puntuación de crédito para determinar si se puede confiar en las personas con las que están tratando. Por lo tanto, un mal crédito sugiere naturalmente que eres un riesgo y la gente evitará tratar contigo (Dieker, 2022). Analicemos algunas de las principales ventajas de mantener un buen crédito.

Tipos de interés más bajos

Una de las principales ventajas de mantener un buen crédito es que los bancos ofrecerle un tipo de interés más bajo en sus préstamos, tarjetas de crédito e incluso hipoteca. Esto se debe a que los prestamistas utilizan sus puntuaciones de crédito para determinar el tipo de interés (VanSomeren, 2021)

Mayor probabilidad de obtener un préstamo o crédito

Es bastante desalentador que te denieguen una hipoteca o un préstamo, ya que la mayoría de la gente depende de ello para hacer realidad sus sueños. Un buen crédito puede mejorar sus probabilidades de aprobación para que nunca tenga que experimentar esa decepción (VanSomeren, 2021).

Autorización para determinados trabajos

Algunos trabajos que implican manejar dinero exigen, naturalmente, pasar por una comprobación del crédito personal, por lo que una buena puntuación crediticia es necesaria para conseguir esos empleos (VanSomeren, 2021).

Mayores límites para tarjetas de crédito y préstamos

Una mejor puntuación crediticia le ayuda a que le aprueben préstamos de mayor cuantía, así como a límites de las tarjetas de crédito más elevados (VanSomeren, 2021).

Mejores recompensas con las tarjetas de crédito

Además de todas las demás ventajas, un buen historial crediticio también te ayuda a acceder a un montón de increíbles recompensas de las tarjetas de crédito (VanSomeren, 2021).

Autorización más fácil para las viviendas de alquiler

Muchos propietarios comprueban su historial crediticio antes de considerar las solicitudes de alquiler, por lo que, para conseguir un buen apartamento, es necesario tener una buena puntuación crediticia (Van-Someren, 2021).

Tarifas de seguro más bajas

Las compañías de seguros también comprueban tu historial crediticio antes de aceptarte como cliente y deciden cuánto interés te cobrarán (VanSomeren, 2021).

Poder de negociación sobre las condiciones del préstamo

Las puntuaciones de crédito no sólo pueden ayudarle a obtener tipos de interés más bajos, sino también durante el proceso de negociación de la hipoteca (VanSom- eren, 2021).

Tipos de crédito

Existen varios tipos de crédito. Veamos cuáles son y sus diferencias.

Pago a plazos

Un crédito consiste básicamente en pedir prestada una cantidad fija de dinero a un prestamista y devolvérsela en un plazo limitado. Estos tipos de crédito incluyen préstamos para estudiantes, para automóviles u otros préstamos personales (Bringle, 2021).

Abrir

En realidad, el crédito no tiene un límite fijo y los pagos suelen basarse en el uso que se hace de las tarjetas. Las facturas de servicios públicos suelen formar parte de las puntuaciones de crédito abiertas, y los pagos pueden afectar a su puntuación (Bringle, 2021).

Giratorio

El crédito se puede pedir prestado una y otra vez hasta un límite fijado por el prestamista. El mejor ejemplo de crédito renovable es la tarjeta de crédito (Bringle, 2021).

Su puntuación de crédito se basa en una variedad de cosas diferentes, tales como el historial de pagos, la cantidad que debe, la duración de su historial de crédito, y su combinación de créditos, que es exactamente la razón por la que necesita tener un buen historial de crédito en los tres tipos de crédito (Bringle, 2021).

> **Consejo nº 46:**
>
> Tener una cierta variedad de tipos de cuenta puede ser beneficioso para mantener un buen historial crediticio, siempre que se tenga en cuenta la deuda y el uso de cada tipo de cuenta. Cuando se trata de tener una buena combinación de créditos, es importante recordar que menos es más.

Establecer un buen crédito

Ahora que hemos reiterado la importancia de un buen crédito, vamos a explorar algunas maneras de construir un buen crédito.

Revise sus informes crediticios

Antes de trabajar en su historial de crédito, revise su informe crediticio para poder identificar las áreas de mejora (Lake, 2022).

Pida prestado sólo lo que pueda permitirse

Una tarjeta de crédito no es un superpoder que de repente te permite comprar todo lo que siempre has soñado. Es simplemente una extensión de tu sueldo que te permite hacer compras más grandes por adelantado, pero esas compras deben seguir siendo algo que te puedas permitir. Por eso sólo debes pedir prestada la cantidad que puedas devolver (Irby, 2022).

Utilice sólo una pequeña cantidad del crédito de que dispone

Llegar al límite de su tarjeta de crédito es tan irresponsable como utilizarla para comprar cosas que no puede permitirse. Las personas que agotan sus tarjetas de crédito a menudo acaban teniendo dificultades para pagar su deuda, así que sé responsable con tus compras (Irby, 2022).

Consejo nº 47:

A título orientativo, no utilice más del 30% de su límite de crédito (utilizar menos es incluso mejor para su puntuación).

Empezar con una sola tarjeta de crédito

Las tarjetas de crédito son adictivas, pero hay que pagar una cuota de mantenimiento por casi todas ellas. Por eso hay que evitar cometer el error de abrir demasiadas tarjetas demasiado pronto y limitarse a explorar una sola (Irby, 2022).

Pague el saldo total de su tarjeta de crédito

Cuando pagas la factura cada mes, demuestras al banco que eres plenamente capaz de pagar las facturas. Esto le ayuda a mantener una buena puntuación crediticia (Irby, 2022).

Realice todos sus pagos a tiempo

Cualquier factura puede acabar arruinando tu historial crediticio. Para evitarlo necesita pagar todas sus facturas a tiempo (Irby, 2022).

Consejo nº 48:

Para evitar retrasos en los pagos, configure el pago automático, compruebe sus extractos con regularidad y programe recordatorios en su teléfono que le ayuden a realizar todos sus pagos antes de la fecha de vencimiento.

Si lleva una balanza, hágalo bien

Tener saldo no es malo, siempre que sigas pagando el mínimo. ima cantidad cada mes para deshacerse rápidamente del saldo (Irby, 2022).

Deje envejecer sus cuentas

Un historial crediticio más largo es mejor para su puntuación de crédito, así que utilice una sola cuenta si es posible y mantenerla abierta el mayor tiempo posible (Irby, 2022).

Reparación del mal crédito

El mal crédito puede afectar a muchos aspectos de su vida. Por ejemplo, tener una mala puntuación crediticia puede ser perjudicial si desea comprar un coche, una casa o pedir un préstamo. Las personas con malos historiales crediticios no sólo pierden oportunidades que les cambian la vida, sino que también puede afectar a sus perspectivas de contratación o alquiler. Para evitarlo, hay que mantener un buen historial crediticio estando al día en los pagos. Pero si ya has dañado tu historial crediticio, aquí tienes algunas formas de reconstruirlo (Kurt, 2021).

Compruebe la exactitud de su informe crediticio

Examine su historial crediticio para identificar los puntos que pueden reconstruirse o mejorado (Mejorar o reconstruir el crédito, s.f.).

> ## Consejo nº 49:
>
> **Para asegurarse de que su salud financiera está siempre bajo control, considere la posibilidad de solicitar uno de sus informes de crédito cada 4 meses a una empresa de informes diferente. Supervisarlo con regularidad puede ayudarle a identificar y resolver rápidamente cualquier problema que pueda surgir.**

Impugnar cualquier error en el informe crediticio de Pe

Después de comprobar su informe, impugne cualquier información que no sea correcta. curar o no le pertenece (Mejorar o reconstruir el crédito, s.f.).

Pague puntualmente todas sus cuentas

Intenta al menos pagar el mínimo de todas las deudas que tengas. y reducir el importe total (Mejorar o reconstruir el crédito, s.f.).

Evitar contraer una nueva deuda

Si ya tiene mal crédito, intente minimizar la cantidad de crédito que utiliza (Mejorar o reconstruir el crédito, s.f.).

Mantener saldos bajos Solicitar una tarjeta de crédito garantizada

Normalmente, una tarjeta de crédito garantizada es para personas que quieren crear crédito desde cero. Pero es ideal para personas a las que les han cerrado las tarjetas de crédito y necesitan empezar a construir su historial desde abajo (O'Shea, 2022).

> ### Consejo nº 50:
>
> Mantener abiertas las tarjetas que no utiliza puede darle un impulso a su crédito. Mantener un historial crediticio prolongado y utilizar los créditos disponibles de forma responsable desempeñan un papel importante en la creación de buenas puntuaciones (Mejorar o reconstruir el crédito, s.f.).

Resumen

- No todas las deudas son malas. De hecho, la deuda estudiantil puede considerarse muy buena y mejorar tu historial crediticio.

- Para evitar las deudas, debes evaluar tus hábitos de gasto y ceñirte a un presupuesto.

- Puedes utilizar el método de la bola de nieve o el de la avalancha para saldar tu deuda rápidamente.

- Un buen crédito es esencial si quiere pedir un préstamo o una hipoteca.

- Los tres tipos de crédito contribuyen a crear su historial crediticio.

- Para reparar su historial crediticio, debe pagar sus cuentas a tiempo y mantener un saldo bajo, entre otras cosas.

6–FLOTE UN PRÉSTAMO

"Siempre creeré que comprar una casa es una gran inversión. ¿Por qué? Porque no se puede vivir en un certificado de acciones. No puedes vivir en un fondo de inversión". -Oprah Winfrey

Los préstamos son una parte importante de la existencia humana, ya que permiten a las personas ampliar sus estudios y comprar una vivienda. Por eso, en este capítulo vamos a ofrecer una descripción detallada de los distintos tipos de préstamos y de cómo gestionarlos y pagarlos.

Préstamos

Ya hemos hablado de los préstamos en los capítulos anteriores, pero para recordárselo, los préstamos son básicamente una suma de dinero que una parte presta a otra a cambio de una cantidad fija de intereses (Kagan, 2021). Los préstamos tienen muchas ventajas, pero también muchas desventajas. Los pros de los préstamos son que hay muchos tipos diferentes, por lo que tiene que haber uno que se adapte a tus necesidades. Además, puedes mejorar tu mal crédito con los préstamos y consolidar diferentes préstamos para reducir los tipos de interés. Por otro lado, puede que no consigas ningún préstamo si tienes mal crédito e incluso si lo consigues, tendrás que pagar muchos intereses por él (Gregory, 2021).

Existen muchos tipos de préstamos: personales, para automóviles, estudiantiles, hipotecarios, sobre el valor de la vivienda, de consolidación de deudas, hipotecarios, para pequeñas empresas, sobre títulos, para embarcaciones y para terrenos. En este capítulo hablaremos de los préstamos para estudiantes, hipotecarios y para automóviles.

Préstamos para estudiantes

Los préstamos estudiantiles básicamente pagan todas las tasas de matrícula, los gastos de manutención o cualquier otro gasto en el que se pueda incurrir mientras se asiste a una escuela acreditada. Cualquiera que estudie después del bachillerato tiene que cargar con una deuda estudiantil. De hecho, en 2022, alrededor de 45 millones de estadounidenses luchan con la deuda estudiantil (Kurt, 2022). El tipo más común de préstamo estudiantil es un préstamo directo, y puede ser subsidiado o no subsidiado. Cuando un préstamo es subsidiado, el gobierno federal es responsable de pagar cualquier interés sobre esos préstamos. Los préstamos no subsidiados, por otro lado, requieren que el prestatario pague intereses (Lake, 2022).

Gestión de préstamos para estudiantes

> **Consejo nº 51:**
>
> **Si tienes problemas para gestionar los préstamos estudiantiles, intenta acogerte al aplazamiento y la indulgencia de morosidad.**

Aplazamiento

Tanto el aplazamiento como la indulgencia de morosidad permiten aplazar temporalmente los pagos del préstamo. Sin embargo, puedes aplicarlos en situaciones diferentes. Durante la duración del aplazamiento, no tendrás que pagar ningún préstamo principal, pero si tienes préstamos directos sin subsidio, deberás pagar los intereses por tu cuenta, o se añadirán al saldo total. Algunos requisitos para el aplazamiento son el desempleo, las dificultades financieras, la matriculación en la escuela, el servicio militar activo, el servicio en los cuerpos de paz y los programas de rehabilitación por discapacidad. No hay una duración fija del aplazamiento, la duración viene determinada por los diferentes tipos (Porter, 2022).

Indulgencia de morosidad

Si no reúne los requisitos para el aplazamiento de pago, puede que sí los reúna para la indulgencia de morosidad. Por lo general, puede solicitar una indulgencia de morosidad de hasta 3 años, durante 12 meses cada vez. Esto puede ayudar a aliviar la carga financiera durante un corto período de tiempo, pero debe pensarlo con antelación. La solicitud de la reducción del pago pausará sus pagos y se asegurará de que sus deudas no se salgan de control. Sin embargo, una desventaja importante de la indulgencia de morosidad es que su deuda sigue sumando intereses, por lo que al final del período de indulgencia, los intereses se capitalizan (Aplazamiento e indulgencia de morosidad, s.f.).

Formas de pago

Ahora que hemos hablado de los préstamos estudiantiles y de algunos aspectos clave, hablemos de las diferentes opciones de pago.

- Amortización estándar: los prestatarios pagan sus préstamos en el plazo más breve posible para limitar los intereses y los préstamos se amortizan en 10 años.

- Amortización escalonada: este tipo de pago comienza siendo más bajo, pero va aumentando hasta que el préstamo se paga en su totalidad.

- Amortización escalonada: este tipo de pago comienza siendo más bajo, pero va aumentando hasta que el préstamo se paga en su totalidad.

- Pay As You Earn (PAYE) plan- Este plan de pago toma los pagos mensuales en el 10 por ciento de los ingresos discrecionales y nunca supera el pago para el plan de amortización estándar.

- Plan REPAYE - Pagos mensuales se fijan de modo que pague el 10% de sus ingresos discrecionales.

- Plan de amortización basado en los ingresos (IBR) - los pagos se fijan en 10 ó 15 por ciento de sus ingresos, pero nunca pagará más del que tendría con el plan de amortización estándar. Podrías optar a la condonación del préstamo tras 20 o 25 años de pagos.

- Plan de amortización condicionada a los ingresos (ICR): el importe se fija en el 20% de sus ingresos discrecionales o en la cantidad que pagaría a lo largo de 12 años.

- Plan de Reembolso Sensible a los Ingresos (ISR) - Los pagos se basan en función de sus ingresos anuales y los préstamos se pagan en 15 años.

(Lake, Opciones de reembolso de préstamos estudiantiles: ¿cuál es la mejor forma de pagar?, 2022)

Consejo nº 52:

Un consejo para reembolsar los préstamos estudiantiles es pagar más que la cuota mensual mínima.

Consolidación de préstamos estudiantiles

Para reducir el tipo de interés, puede combinar varios préstamos y consolidarlos en un solo pago, de modo que sólo tenga que abonar una cuota al mes. La consolidación tiene muchas ventajas, como el acceso a planes de amortización, beneficios federales y pagos mensuales más bajos. Usted disfrutará de los beneficios de tasas de interés más bajas, mientras que tiene un período de amortización flexible de 30 años (Bareham, 2022).

Auto Préstamos

Los préstamos para coches son exactamente lo que parecen: en lugar de pedir un préstamo para pagar cualquier cosa que quieras comprar, los préstamos para coches se piden específicamente para comprar un coche. Los intereses de los préstamos para coches son mucho más bajos, ya que el prestamista no corre mucho riesgo y puede embargar el coche si el prestatario no paga. no realiza ningún pago (Probasco, 2022). Sin embargo, para poder optar a un préstamo para la compra de un coche, es necesario tener un buen crédito, unos ingresos verificables y una relación deuda-ingresos baja.

Buen crédito

El prestamista revisará su crédito y determinará si usted es digno de confianza o no. Una buena puntuación crediticia suele ser de 670 o superior. Es posible que puedas conseguir mejores ofertas y un tipo de interés más bajo si tienes una buena puntuación crediticia (Correa, 2022).

Ingresos comprobables

Para obtener un préstamo para la compra de un coche, tendrás que demostrar que serás capaz de devolver el préstamo. Esto significa facilitar al prestamista tu información financiera y tus ingresos globales (Correa, 2022).

Bajo ratio deuda-ingresos

La relación entre deudas e ingresos es la cantidad que debes en pagos mensuales de deudas. Para que te concedan un préstamo para comprar un coche, tu DTI debe ser superior al 50% (Correa, 2022).

¿Dónde obtener un préstamo para comprar un coche?

Hay dos formas posibles de conseguir un préstamo para comprar un coche: los prestamistas directos y la financiación interna del concesionario. La financiación directa es un préstamo que puede obtenerse a través de bancos, cooperativas de crédito y otros prestamistas en línea. La financiación interna del concesionario, por otro lado, es accesible a través del propio concesionario. En las situaciones de prestamista directo, podrás buscar las mejores ofertas, obtener una preaprobación y elegir la oferta perfecta. La financiación indirecta, sin embargo, funciona de forma un poco diferente. Irás a un concesionario, elegirás un coche y luego hablarás con el departamento de préstamos para coches de la empresa. servicio y resolver los detalles. Uno de sus principales inconvenientes es que el Los distribuidores aumentarán el tipo de interés (tipo bancario, 2022).

Consejo nº 53:

Pregunte a cualquier prestamista potencial acerca de sus condiciones de reembolso y qué tipo de ventajas o protecciones adicionales ofrecen; algunos incluso pueden proporcionar un seguro de carencia o garantías ampliadas para una protección adicional en el futuro.

Financiación de coches vs Leasing de coches

Cuando alquilas un coche, pagas por conducirlo durante un periodo de tiempo determinado, siendo la media de 24 a 36 meses. Tienes restringido hacer modificaciones y puedes conducir durante un número limitado de kilómetros. Una vez finalizado el periodo, el coche vuelve al concesionario. En cambio, la financiación de un coche significa básicamente que lo compras y que eres su propietario en todos los aspectos. Pagas cuotas mensuales al prestamista hasta que el coche está totalmente pagado. El leasing de coches significa que tienes que hacer pagos más pequeños, menos gastos de mantenimiento y mejores deducciones fiscales. Comprar un coche significa que, una vez pagadas las cuotas, el coche es tuyo, no hay límite de kilómetros recorridos, puedes modificarlo a tu antojo y acumulas capital sobre el coche. Tanto el leasing como la financiación tienen sus ventajas y la elección depende de lo que se quiera obtener del vehículo (Benoit, s.f.).

Consejo nº 54:

Asegúrese de conocer el kilometraje permitido en su contrato de alquiler y lleve un registro de sus hábitos de conducción cuando seleccione al ccontratista adecuado para usted.

¿Cómo obtener un préstamo para automóviles?

Para obtener los mejores intereses en su préstamo de automóvil, debe seguir estos pasos.

Compruebe su informe de crédito

Su calificación crediticia y sus ingresos determinarán cuánto puede pedir prestado y, en primer lugar, si puede pedirlo. Por eso debes solicitarlo después de comprobar tu informe crediticio.

Solicite préstamos para automóviles a varios prestamistas

Consulte a varios prestamistas para comparar presupuestos y obtener el mejor tipo de interés.

Obtenga la preaprobación para un préstamo de coche

Una vez que haya reducido el número de prestamistas, es el momento de elegir el prestamista correcto y obtener la preaprobación. Obtener la preaprobación significa que obtendrá una estimación del tipo de interés y del préstamo para el que cumplirá los requisitos, basándose en su historial crediticio.

Utilice su oferta de préstamo para fijar su presupuesto

Tu oferta preaprobada te dirá la cantidad máxima que puedes pedir prestada, pero eso no debe dictar qué coche vas a comprar. Tienes que reservar al menos un 10% para gastos adicionales.

Encuentre su coche

Una vez que haya resuelto todo lo demás, es hora de elegir el coche. Asegúrate de comprobar los requisitos del prestamista, las restricciones de tiempo, las marcas excluidas y los requisitos del concesionario para minimizar las decepciones.

Revisar la oferta de préstamo del concesionario Pe

Una vez que hayas comprobado el coche y confirmado que se ajusta a tus necesidades, puedes acudir al concesionario y revisar su oferta de préstamo. Si vas con un importe de préstamo preaprobado, es posible que el concesionario intente rebajarte el tipo y conseguirte una oferta mejor.

Elija y finalice su préstamo

Ahora, evalúe detenidamente las ofertas del banco y del concesionario y elija la que más le convenga. Asegúrate de preguntar por las comisiones ocultas, los plazos más largos y el seguro de impago.

Pagos puntuales

Una vez efectuado el pago del préstamo, podrás disfrutar de tu coche. Sin embargo, asegúrate de realizar los pagos del coche a tiempo, ya que estos pueden afectar a tu historial crediticio.

Hipoteca

Comprar una casa o incluso alquilar una nueva es una decisión financiera muy importante, y hay que asegurarse de estar preparado para ello antes de dar el paso. Tanto si se muda a otra ciudad como si se queda en la misma, ser consciente de los costes puede ayudarle a estar tranquilo antes de hacer una mudanza tan grande. Aparte del aspecto financiero, también hay que tener en cuenta toda la información importante, ya que es mucho lo que está en juego, tanto emocional como económicamente. Así que, antes de decidirte a comprar o alquilar una casa, estudia los pros y los contras de ambas cosas.

Comprar o alquilar: Ventajas y desventajas

Ventajas de alquilar una casa

Una de las principales ventajas de alquilar una casa es su asequibilidad. Precisamente por eso, el alquiler es una opción mucho más realista para la gente, ya que la mayoría dispone de fondos limitados o está empezando su carrera profesional. Además, si decide mudarse o cambiar a una casa más grande, no tendrá que preocuparse de vender su propiedad. Otra gran ventaja de alquilar una casa es su flexibilidad.

Cuando alquilas, no tienes ningún compromiso a largo plazo con la casa y normalmente puedes firmar contratos más cortos, de entre 6 meses y un año. Esto es ideal para cambiar rápidamente de lugar si necesitas mudarte por motivos laborales o familiares. También puedes buscar la casa perfecta sin tener que preocuparte por un contrato más largo y caro. Por último, los alquileres son más fáciles de mantener, ya que los propietarios se encargan del mantenimiento de la vivienda. Esto incluye cualquier daño estructural, problemas de fontanería o costes de sustitución, lo que ahorra a los inquilinos mucho tiempo y dinero que habrían gastado si fueran los propietarios (Comai-Legrand, 2019) (Majaski, 2022).

Contras de alquilar una casa

Uno de los principales inconvenientes de alquilar una casa es que los inquilinos tienen muy poco control sobre los cambios que quieran hacer en la propiedad, por lo que no pueden personalizarla. Además, el inquilino no va a acumular ningún capital sobre la vivienda y todos los pagos se destinan a pagar los bienes de otra persona en lugar de contribuir a los suyos propios. Además, los inquilinos también tienen una seguridad muy limitada, ya que los contratos más cortos dan a los propietarios el poder de decidir si el contrato se renovará o no una vez finalizado el periodo acordado. Esto significa que podrías verte obligado a abandonar tu casa en cualquier momento. Por último, los propietarios pueden entrar en su espacio en cualquier momento, a menos que se especifique lo contrario, por lo que los inquilinos tienen una privacidad limitada (Comai-Legrand, 2019) (Majaski, 2022).

> ## Consejo nº 55:
>
> Cuando se trata de conseguir una vivienda de alquiler, la preparación es la clave. Tómese el tiempo necesario antes de buscar su nueva casa para recopilar todos los documentos necesarios, como declaraciones de ingresos y referencias, de modo que pueda actuar con rapidez a la hora de hacer una oferta por la casa de sus sueños.

Ventajas de comprar una casa

Ser propietario de una casa tiene muchas ventajas. En primer lugar, con el tiempo acumulas capital en la casa. Al pagar la hipoteca y hacer mejoras, el valor de la casa aumenta con el tiempo. En segundo lugar, tener una casa en propiedad ofrece mucha estabilidad y coherencia, cosa que no ocurre con el alquiler. Puedes cambiar la casa como quieras y no tienes que obtener la aprobación del propietario. Esto no sólo da libertad, sino también tranquilidad. Además, ser propietario de una casa conlleva un sentimiento de orgullo y la gente se esfuerza toda la vida para conseguirlo. Además, ser propietario de una casa también ofrece ciertas ventajas fiscales, como deducciones por daños a la propiedad, tipos de interés y muchas otras cosas, lo que puede suponer un importante ahorro a lo largo del tiempo. Por último, la compra de bienes inmuebles es una de las formas más seguras de invertir dinero, ya que el valor de las propiedades sólo aumenta con el tiempo, por lo que el riesgo es mucho menor en comparación con otros tipos de inversiones como los bonos y las acciones. Tanto los bonos como las acciones son estables porque pierden dinero debido a las fluctuaciones del mercado y a los cambios en los tipos de interés (Comai-Legrand, 2019) (Majaski, 2022).

Contras de comprar una casa

Uno de los principales inconvenientes de poseer una casa es el coste de mantenimiento, los impuestos, las primas de seguro, etc., ya que todos ellos deben pagarse incluso si se atraviesan dificultades económicas. Para evitar verse abrumado por estos pagos múltiples, debe hacer un presupuesto con antelación. Vender la casa más adelante también puede suponer un problema, sobre todo si la las condiciones son desfavorables debido a una recesión económica. Los precios inmobiliarios también fluctúan con el tiempo y, como propietario de una casa, esto puede ser tanto positivo como negativo. Además, los propietarios deben estar bien instruidos en todos los aspectos financieros de la gestión de una casa, ya que todos los gastos necesarios para mantenerla corren de su cuenta. Por último, al igual que ser propietario de una vivienda aporta estabilidad, también exige ser responsable, lo que puede no convenir a todo el mundo, especialmente a las personas a las que les gusta cambiar libremente de residencia y aborrecen "atarse" con obligaciones a largo plazo (Comai-Legrand, 2019) (Majaski, 2022).

Consejo nº 56:

Ser propietario de una vivienda es una experiencia gratificante, pero, como ocurre con cualquier nueva empresa, puede resultar intimidante. Para asegurarse de que su viaje sea lo más satisfactorio y satisfactorio posible, recuerde este consejo clave: ¡mantenimiento!

Conceptos básicos de la hipoteca

Una hipoteca es básicamente un tipo muy específico de préstamo que se pide para comprar un terreno, una casa o cualquier otro tipo de bien inmueble. Al igual que otros tipos de préstamos, este tipo también requiere que usted pague el dinero prestado, así como los intereses principales, a lo largo de un periodo de tiempo. Si no puede pagar, su propiedad sirve de garantía. La mayoría de las hipotecas son totalmente amortizables, lo que significa que los pagos seguirán siendo los mismos, pero se calcularán porciones de capital e intereses que se añadirán a cada pago. Los plazos tradicionales de las hipotecas son de 15 a 30 años (Kagan J. , 2022). Hay muchos tipos diferentes de hipotecas, así que vamos a hablar de ellos.

Préstamo convencional

Los préstamos convencionales no están respaldados por el gobierno y pueden ser conformes o no conformes. Los préstamos conformes se ajustan a la estándar establecido por la FHFA. Los préstamos no conformes, por su parte, no cumplen las normas establecidas por la FHFA, pero se dirigen a prestatarios que desean adquirir viviendas más caras o a personas con perfiles crediticios inusuales (Marquit, 2022).

Préstamo Jumbo

Los préstamos Jumbo quedan fuera de los límites de endeudamiento de la FHFA y son habituales en zonas de alto coste como Nueva York, Hawai, Los Ángeles y San Francisco. Permiten adquirir viviendas más caras y los tipos de interés suelen ser competitivos con los de los préstamos convencionales (Marquit, 2022).

Préstamo garantizado por el Estado

El Gobierno no concede préstamos, pero respalda a algunas agencias de crédito para que la vivienda sea más accesible a los ciudadanos. El gobierno respalda a tres agencias: la FHA, la USDA y los préstamos VA. Los préstamos de la FHA tienen tipos de interés competitivos y permiten acceder a la vivienda sin tener que hacer un gran desembolso inicial. Los préstamos USDA ayudan a los ciudadanos con ingresos modestos o bajos a comprar casas en zonas rurales. Por último, los préstamos VA ofrecen tipos de interés bajos e hipotecas flexibles a los militares (Marquit, 2022).

Hipoteca a tipo fijo

Una hipoteca de tipo fijo, o una hipoteca tradicional, funciona manteniendo el tipo de interés estable durante todo el plazo del préstamo. Como el interés no cambia, tampoco lo hace la cuota mensual de la hipoteca (Kagan J. , 2022).

Hipoteca a tipo variable

El tipo de interés de la hipoteca variable se mantendrá fijo durante un plazo inicial, pero puede cambiar periódicamente en función del inter-stos tipos. Los tipos iniciales son mucho más bajos que los del mercado, lo que puede parecer asequible al principio, pero los tipos a largo plazo suben sustancialmente, así que tenlo en cuenta (Kagan J. , 2022).

Pasos para conseguir una hipoteca

Si te preguntas cómo conseguir una hipoteca, estos son los pasos que debes seguir.

Paso 1 - Refuerce su crédito

Para obtener los mejores tipos de interés, debe demostrar que es una persona responsable ante los prestamistas y crear un historial crediticio favorable (Martin, 2022).

Paso 2 - Saber lo que se puede permitir

Todo el mundo sueña con tener una casa, pero a veces los sueños no se ajustan a la realidad. Por eso debes calcular lo que puedes permitirte en realidad, teniendo en cuenta que vas a pagar la hipoteca durante mucho tiempo (Martin, 2022).

Consejo nº 57:

Explora tus opciones con una calculadora de hipotecas en línea. Las calculadoras de hipotecas en línea, como la que puedes encontrar en www. mortgagecalculator.org, te facilitan la tarea de averiguar cuánto puedes permitirte por una casa e iniciar el camino hacia la propiedad.

Paso 3 - Ahorrar

Lo primero que tienes que hacer es ahorrar para el pago inicial de la casa. También hay que acumular reservas para tener al menos 6 meses de ahorros guardados en un banco. Esto amortiguará tu hipoteca durante un tiempo, en caso de que pierdas tu trabajo (Martin, 2022).

Consejo nº 58:

Un pago inicial del 20% de la hipoteca conlleva numerosas ventajas financieras, como un tipo de interés más favorable y la creación inmediata de un patrimonio neto considerable.

Paso 4 - Elegir la hipoteca adecuada

Elija el tipo de hipoteca adecuado a su situación. No te decidas de inmediato, no pasa nada por investigar y buscar las mejores ofertas (Martin, 2022).

Paso 5 - Encontrar un prestamista hipotecario

Una vez decidido el tipo de hipoteca que desea, busque el prestamista hipotecario adecuado. Asegúrese de hablar con sus amigos y familiares y pídales referencias (Martin, 2022).

Paso 6 - Obtener la preaprobación de un préstamo

Es una buena idea obtener la preaprobación de la hipoteca una vez que encuentres una adecuada. En esta preaprobación, el prestamista comprobará tus finanzas para determinar si podrás devolver el préstamo. Además, decidirá la cantidad que te prestará (Martin, 2022).

Paso 7 - Empezar a buscar casa

Después de obtener la preaprobación, comience la búsqueda de la propiedad perfecta. Encuentra una casa que sea factible dentro de tu rango de precios (Martin, 2022)

Consejo nº 59:

Cuando te adentres en el mundo de la vivienda en propiedad, asegúrate de que has tenido en cuenta algo más que los pagos de la hipoteca.

Paso 8 - Envíe su solicitud de préstamo

Una vez que encuentre una casa que le interese, rellene la solicitud de hipoteca. Puede hacerse por Internet, pero es más eficaz recurrir a la ayuda de una oficina de préstamos (Martin, 2022).

Paso 9 - Esperar al proceso de suscripción

Aunque le den la preaprobación, es posible que no obtenga el préstamo inmediatamente. La decisión final la tomará el departamento de suscripción, que evalúa el riesgo asociado a cada posible prestatario (Mar- tin, 2022).

Paso 10 - Cerrar la compra de su nueva casa

Una vez que le aprueben la hipoteca, casi habrá llegado a la meta. Todo lo que necesita hacer es cerrar la compra de la casa. Tenga en cuenta que el cierre de la casa conlleva muchos gastos, por lo que es posible que tenga que reservar algo de dinero de antemano (Martin, 2022).

Resumen Box:
Consejos para la búsqueda de hipotecas

Consejo nº 60:

El conocimiento es poder. Asegúrese de investigar y conocer bien los distintos tipos de préstamos e hipotecas disponibles. Conocer sus opciones y saber qué tipo de préstamo es el mejor para usted le dará más ventaja a la hora de negociar las condiciones con los posibles prestamistas.

Consejo nº 61:

Asegúrese de buscar y comparar prestamistas. Busque en bancos, cooperativas de crédito, préstamos FHA, préstamos VA, préstamos USDA, agentes hipotecarios y cualquier otra fuente que pueda ofrecer financiación para sus necesidades. Hable con varios prestamistas sobre sus tarifas y comisiones para saber exactamente lo que cobra cada uno por servicios similares.

Consejo nº 62:

Evalúe su puntuación crediticia antes de solicitar una hipoteca o un préstamo. Si tiene una buena puntuación crediticia, es probable que pueda obtener tipos de interés más bajos; si no, puede que le resulte más difícil (o más caro) conseguir una hipoteca.

Resumen

- No deje de pagar sus préstamos estudiantiles. Solicita un aplazamiento o una indulgencia de morosidad.

- Existen muchos planes de amortización para los préstamos estudiantiles, así que elige la que le beneficie.

- Considera la posibilidad de consolidar los préstamos estudiantiles para mantener los tipos de interés más bajos.

- Consigue la preaprobación de una hipoteca y un préstamo para coche.

- Decide si quieres financiar el coche o alquilarlo.

- Averigua si quieres alquilar o comprar una casa analizando los pros y los contras.

- Elija una propiedad que pueda permitirse a largo plazo.

7–Sentarse En Una Mina De Oro

En palabras de Robert Allen, "¿A cuántos millonarios conoce que se hayan hecho ricos invirtiendo en cuentas de ahorro? Yo me reafirmo". Es bastante obvio que limitarse a ahorrar dinero no le permitirá construir su riqueza. Para ello, necesita invertir dinero. Los capítulos anteriores se centraron en la gestión de la deuda, el ahorro y el gasto inteligente, por lo que este capítulo se centrará en la construcción de su propia riqueza y hablará de los diferentes tipos de inversiones.

Conceptos básicos de la inversión

Invertir es el proceso de comprar recursos que crecen en valor monetario con el tiempo y le proporcionan ingresos en forma de pagos o beneficios de capital. En general, la inversión se utiliza para mejorar la calidad de vida del titular, sin embargo, en un sentido más amplio, las finanzas básicamente proporcionan a la persona mucha seguridad y garantizan ganancias. En el sentido más básico, invertir funciona comprando un activo a un precio mucho más bajo y vendiendo lo mismo cuando aumenta de precio (Curry, 2022). Antes de empezar a invertir, hay algunas cosas que debes tener en cuenta, vamos a discutirlas.

Seguridad

Aunque no existe ninguna inversión segura, puede minimizar los daños tomando algunas medidas adicionales. En primer lugar, debe invertir en valores emitidos por el Estado si la situación económica de su país es desfavorable.es estable. La única forma de perder el dinero es que el gobierno se hunda. Si no, puedes conseguir bonos corporativos con calificación AAA emitidos por grandes empresas. Aparte de eso, también puedes invertir en letras del Tesoro, letras del Tesoro, papel comercial, cheques bancarios y certificados de depósito (Hayes, 2022).

Ingresos

Algunas personas buscan comprar activos que les garanticen unos ingresos estables, por lo que están dispuestas a ser un poco más arriesgadas. Esto se observa sobre todo en personas que se están jubilando o retiradas y quieren generar unos ingresos estables que sigan el ritmo de la inflación. La mejor inversión para estas personas son los bonos del Estado o de empresas, así como las opciones con calificación AAA (Hayes, 2022).

Crecimiento del capital

El crecimiento del capital sólo puede conseguirse vendiendo su activo. El crecimiento del capital no sólo se refiere a la propiedad, sino que también incluye diamantes u otras cosas que aumentan su valor monetario (Hayes, 2022).

¿Cuál es su estilo de inversión?

Conocer su estilo de inversión es la mejor manera de saber qué inversiones, de entre las miles que existen, podrían interesarle (Fontinelle, 2022).

Gestión Activa Vs. Gestión pasiva

Antes de averiguar su estilo de inversión, debe plantearse si cree que los expertos financieros podrán conseguirle mejores inversiones. Los inversores que desean contar con gestores financieros que evalúen detenidamente sus participaciones están interesados en una gestión activa. Estos gestores tienen plantillas repletas de investigadores financieros y gestores de carteras que tratan de obtener los mejores rendimientos para sus inversores. Estas empresas cobran mucho dinero porque no sólo se paga por la inversión, sino también por la experiencia del personal. La gestión pasiva, en cambio, obtiene mejores rendimientos para los inversores, por lo que no se necesitan necesariamente investigadores o expertos en fondos, y por eso los precios de la gestión pasiva son bajos (Fontinelle, 2022).

Crecimiento frente a valor

Lo siguiente que deben tener en cuenta los inversores es si quieren invertir en fondos de rápido crecimiento o en sectores infravalorados. Las personas que prefieren la inversión en crecimiento buscan empresas con un alto crecimiento de los ingresos, altos beneficios, baja rentabilidad de los dividendos y alto rendimiento de los recursos propios. Las personas que prefieren la inversión de valor se centran en comprar una empresa fuerte a un precio estable. Por lo general, buscan una relación precio-ventas baja, una mayor rentabilidad de los dividendos y una relación precio-beneficios baja (Fontinelle, 2022).

Empresas de pequeña capitalización Vs. Empresas de gran capitalización

Lo último que debe tener en cuenta es si desea invertir en empresas más pequeñas o más grandes. Medir el tamaño de la empresa se llama "capitalización bursátil", que es básicamente las acciones que tiene una empresa después de multiplicarlas por su precio de cotización. Las personas que prefieren las empresas pequeñas piensan que tienen mejores rendimientos y más oportunidades de crecer. Las personas que prefieren las grandes empresas, por otro lado, se sienten cómodas dependiendo de las grandes empresas estables, ya que son más fiables y han existido durante mucho tiempo (Fontinelle, 2022).

Tipos de inversión

Hay muchos tipos diferentes de inversiones, así que vamos a hablar de ellos en detalle.

Acciones

Las acciones son básicamente títulos de renta variable y dan a los accionistas la oportunidad de poseer una parte de la empresa. Si tienes más acciones de la empresa, controlas cómo funciona y qué dirección toma. Pero, ¿de dónde proceden exactamente las acciones? Las empresas públicas presentan acciones al público en general para que puedan encontrar inversores en su negocio. Los inversores que creen que la empresa puede tener éxito compran sus fondos e invierten en su negocio (Royal, 2022).

Las acciones pueden convertirse en una parte muy valiosa de su cartera y pueden ayudarle a aumentar sus ahorros y proteger su dinero de los impuestos y la inflación, todo ello al tiempo que maximiza el beneficio de sus inversiones. Suele haber dos tipos principales de inversión en acciones, y ambos tienen ventajas diferentes. El primer tipo de acciones son las ordinarias. Suelen estar disponibles para los inversores canadienses, y ofrecen crecimiento del capital, liquidez, privilegios de voto, ingresos por dividendos y ventajas en el tratamiento fiscal. el segundo tipo son las acciones preferentes. Estas proporcionan un flujo de ingresos muy realizable, así como unos ingresos mucho más elevados en general. Además, las acciones preferentes también tienen mucha más variedad, cada una con características diferentes (Key Benefits of Investing In Stocks, n.d.).

El problema de invertir en acciones es que fluctúan rápidamente, por lo que algunas empresas pueden no ir bien y quebrar y, si eso ocurre, perderás todo tu dinero. Otra gran desventaja es que las acciones son muy caras, sobre todo si se invierte en una gran empresa, por lo que mucha gente no puede permitírselo (Royal, 2022).

Consejo nº 63:

Antes de invertir en acciones, es importante conocer y evaluar su propia tolerancia al riesgo.

Bonos

Los bonos son una forma de título de deuda. Cuando usted compra un bono, está prestando su dinero a un emisor y estos emisores pueden ser el municipio, la corporación o el gobierno. A cambio, el emisor le paga un interés específico por esos bonos, durante toda su vida y le devuelve la totalidad del bono cuando vence. La gente suele inclinarse por los bonos porque proporcionan unos ingresos constantes y predecibles. Además, el emisor garantiza que devolverá todo el dinero cuando venza el bono, por lo que existe una sensación de seguridad (Bonds, s.f.).

Invertir en bonos conlleva algunos riesgos. En primer lugar, existe un riesgo de tipo de interés que afecta básicamente al valor del bono. Si se deja que el bono venza, se recupera la cantidad principal, pero si se retira antes de tiempo, puede valer menos que el valor nominal. Además, siempre existe el riesgo de inflación, por lo que mientras su dinero esté guardado en bonos, éstos podrían devaluarse. Por último, también existe la posibilidad de que el emisor retire el bono antes de su vencimiento y esto suele ocurrir cuando el tipo de interés baja (Bonds, s.f.).

Consejo nº 64:

Para maximizar sus beneficios, siempre debe investigar la solvencia de los emisores y evaluar la fecha de vencimiento de cada bono.

Fondos de inversión

Los fondos de inversión se producen cuando una empresa combina dinero procedente de distintos inversores y lo invierte en acciones, planes de deuda a corto plazo u obligaciones. Estos fondos combinados constituyen la cartera de la empresa, y cada acción representa una parte de la propiedad del fondo. Los fondos de inversión son muy populares por varias razones. En primer lugar, los fondos de inversión cuentan con gestores profesionales que investigan por usted. En segundo lugar, invierten en varias empresas diferentes, lo que ayuda a reducir el riesgo de fracaso de la inversión. Además, los fondos de inversión son mucho más asequibles que las acciones y tienen un valor de inversión muy bajo. Por último, los fondos de inversión pueden rescatarse fácilmente, lo que da a la gente el derecho a recuperar sus participaciones en cualquier momento sin ninguna repercusión (Fondos de inversión, s.f.).

Como todas las inversiones, los fondos de inversión también tienen sus inconvenientes. Puede perder todo su dinero invertido porque los valores que poseen los fondos pueden perder valor. Los dividendos y los tipos de interés también cambian según la situación del mercado. La rentabilidad pasada no garantiza rendimientos futuros, pero puede indicarle lo estable o volátil que es un fondo, así que téngalo en cuenta (Fondos de inversión, s.f.).

Consejo nº 65:

Tenga en cuenta su horizonte temporal de inversión: determine el tiempo que piensa mantener sus inversiones.

Inmobiliario

Ya hemos hablado en detalle de los bienes inmuebles en el último capítulo, pero repasemos por qué es una buena idea invertir en bienes inmuebles. Lo que más motiva a la gente a invertir en bienes inmuebles es que éstos se revalorizan con el tiempo, siempre que se opte por el mercado adecuado. Los bienes inmuebles también tienen ventajas fiscales únicas que permiten a los inversores aumentar su patrimonio con el tiempo. Además, los bienes inmuebles te proporcionan unos ingresos mensuales pasivos que te permiten seguir construyendo tu negocio mientras pasas tiempo con la familia y reinviertes en bienes inmuebles (Lyons, 2023).

Al igual que los bienes inmuebles tienen ventajas, también tienen inconvenientes. Los bienes inmuebles requieren una gran inversión inicial antes de poder empezar a cosechar los beneficios, por lo que no son para todo el mundo. Además, requiere mucho tiempo, y es una inversión a largo plazo que la mayoría de la gente no está dispuesta a hacer. Además de todo esto, el sector inmobiliario también tiene muchos riesgos, ya que es fácil comprar o vender la propiedad en el momento equivocado, lo que puede hacerte perder dinero (Lyons, 2023).

> ### Consejo nº 66:
>
> **Empiece poco a poco. Invertir en bienes inmuebles no siempre requiere una gran inversión inicial; puede comprar propiedades más pequeñas o participaciones en otras más grandes, así como participar en empresas conjuntas con otros inversores que dispongan de más capital.**

Criptomoneda

Una criptomoneda es básicamente una forma de moneda digital que no está respaldada por ninguna autoridad oficial ni activos reales. Es una forma de comercio entre partes sin intermediario. De todas las criptodivisas, el bitcoin es la más popular. Puede adoptar muchas formas, desde invertir en criptofondos y empresas o comprarlo directamente. La mayor ventaja del bitcoin es que es muy asequible y se pueden obtener beneficios muy elevados. Invertir en criptodivisas es muy arriesgado porque incluso las más consolidadas pueden ser volátiles, y si en el futuro se vuelven ilegales, valdrán menos. Pero las criptomonedas se están desarrollando rápidamente, así que si quieres invertir en ellas, tienes que tener en cuenta los cambios y la evolución (Garnett, 2022).

> ### Consejo nº 67:
>
> **Los mercados de criptomonedas están abiertos 24 horas al día, 7 días a la semana, por lo que debes ponerte límites en cuanto a cuándo inviertes y cuánto estás dispuesto a invertir por transacción para evitar decisiones impulsivas que puedan tener consecuencias drásticas.**

Cuentas de jubilación

El plan 401 (K) es uno de los únicos planes de ahorro para la jubilación que ofrece el gobierno de EE.UU. y tiene muchas ventajas fiscales para el ahorrador. La persona que se acoge a este plan acepta que un porcentaje de su nómina se deposite directamente en una cuenta de inversión y la empresa iguala esa parte o la totalidad de la aportación a los fondos del empleado. Los empleados también tienen la oportunidad de elegir varias opciones de inversión. Hay dos tipos principales de inversiones 401(K): el 401(K) tradicional y el Roth (K). En los planes tradicionales, las aportaciones del empleado se deducen de los ingresos brutos, que son los ingresos antes de las deducciones fiscales. Por lo tanto, su base imponible se reduce por el número de aportaciones de cada año y no tiene que pagar impuestos por el dinero hasta que lo retira. En el Roth 401(K) su aportación se deduce de sus ingresos después de los impuestos. Esto significa que no obtendrá ninguna deducción fiscal en el año de las aportaciones. Pero su dinero estará libre de impuestos cuando lo retire al final (Fernando, 2023).

> **Consejo nº 68:**
>
> Revise periódicamente su porcentaje de cotización actual y ajústelo en función de los cambios que se produzcan en sus objetivos de ahorro o en su nivel de ingresos.

La inflación y su cartera

La inflación se produce cuando los precios de los bienes y servicios suben debido a la disminución del poder adquisitivo de la moneda. Esto significa que la misma cantidad de dinero ya no tiene el mismo valor. Aunque pueda parecer simple, la inflación puede tener consecuencias de gran alcance. La inflación puede tener efectos tanto positivos como negativos en las carteras de inversión. Anima a los inversores a buscar inversiones que tengan rendimientos más altos para que puedan seguir el ritmo de la subida de precios. Además, si su cartera incluye inversiones que se benefician de la inflación, es obvio que esas inversiones se revalorizarán con el tiempo. Por otro lado, la inflación puede hacerle perder en ciertos tipos de inversión debido a los menores rendimientos. También erosiona el valor de los ingresos con el tiempo, porque cuando suben los precios, los consumidores tienen que pagar más por los mismos bienes que antes compraban a un precio más bajo. Reduce el poder adquisitivo de los consumidores y les obliga a buscar formas de ganarse la vida dentro de su presupuesto. La inflación también reduce el riesgo de cualquier posible ganancia futura, ya que los salarios tienden a no seguir el ritmo del aumento del coste de la vida (How Does Inflation Affect Your Finances, s.f.).

> **Consejo nº 69:**
>
> Disponer de activos que no estén sujetos a las presiones inflacionistas puede ayudar a evitar que sus rendimientos globales se vean mermados por la inflación.

4 estrategias para mitigar el riesgo en tiempos de volatilidad económica

Desde la pandemia, la gente ha empezado a experimentar mayores periodos de volatilidad limitada en los mercados, lo que significa que nadie está a salvo de los tiempos difíciles. Si te encuentras en una situación desfavorable, aquí tienes 4 maneras de mitigar el riesgo (Reciprocidad , 2021).

Diversifique sus activos

Una forma sencilla de reducir el riesgo es evitar invertir en la misma empresa o sector. Diversifique sus activos para que, aunque pierda en un sector, obtenga estabilidad y ganancias en el otro (Reciprocidad , 2021).

> **Consejo nº 70:**
>
> **Es esencial diversificar la cartera de valores no sólo entre los distintos tipos de inversiones, sino también entre los diferentes sectores, empresas y países.**

Cubra sus inversiones

La cobertura es una estrategia de inversión que le ayuda a minimizar las pérdidas si cae el valor de sus acciones. La cobertura consiste en comprar una opción que da derecho a vender las acciones si caen por debajo de un precio determinado (Reciprocity, 2021).

Manténgase informado

Mantente al día de los cambios del mercado y de cómo afectan las fluctuaciones a las inversiones. No podrás predecir el futuro, pero te dará una vaga idea de cuándo mantener, comprar y vender tus activos (Reciprocidad , 2021).

Esperar

Si el valor de sus acciones baja, no se asuste inmediatamente. Los pequeños cambios son habituales y tienen un efecto temporal en tus activos, por lo que podrás capearlos con el tiempo. Antes de vender, observa cómo suele funcionar el mercado y decide si quieres mantener o vender (Reciprocity , 2021).

Invertir en su futuro financiero es importante, pero también es crucial protegerse a sí mismo y a su familia con el seguro adecuado. Cuando estés listo para ampliar tus conocimientos financieros más allá de las inversiones y los préstamos, aprender sobre los aspectos básicos de los seguros puede ayudarte a asegurarte de que estás cubierto en caso de que la vida te lance una bola curva inesperada.

Resumen

- Considere la seguridad de una inversión, sus ingresos y el crecimiento global del capital antes de invertir.

- Las acciones pueden convertirse en una parte muy importante de su cartera de inversiones.

- Si invierte en bonos, espere a que venzan para poder aprovecharlos al máximo y minimizar las pérdidas.

- Los fondos de inversión son una excelente manera de invertir dinero, ya que su dinero se invierte en múltiples áreas diferentes.

- Invertir en bienes inmuebles es una de las mejores decisiones, pero requiere una gran cantidad de dinero, por lo que no es para todo el mundo.

- La inflación causa muchos problemas a los consumidores, así que, cuando inviertas, asegúrate de no perder dinero por culpa de la inflación.

8–En Premium

Este capítulo se centrará en la importancia de los seguros porque, "no compras un seguro de vida porque vayas a morir, sino porque tus seres queridos van a vivir". También trataremos diferentes consejos que pueden ayudarle a buscar la compañía de seguros y el plan adecuados.

Seguros

El seguro es un contrato entre el tomador y la compañía en el que ésta proporciona protección financiera o reembolso en caso de siniestro y, a cambio, el tomador entrega a la compañía una suma de dinero cada mes. Antes de elegir una compañía o una póliza, hay que entender cómo funcionan los seguros, y para comprender su funcionamiento son cruciales tres componentes principales (Kagan J. , Insurance: Definición, funcionamiento y principales tipos de pólizas, 2022). Analicémoslos.

Premium

La prima de una póliza significa básicamente el coste mensual de esa póliza y se determina examinando el riesgo de su negocio. Por ejemplo, si tiene coches caros y un historial de conducción temeraria y accidentes, pagará más dinero por la póliza de seguro que alguien con un historial perfecto. Pero las compañías cobran distinto por la misma póliza, así que hay que preguntar antes de elegir una (Kagan J. , Insurance: Definición, funcionamiento y principales tipos de pólizas, 2022).

Póliza Límite

El límite de la póliza es la cantidad máxima de dinero que una compañía pagará al asegurado para cubrir su siniestro. Los máximos pueden fijarse anualmente, por período de vigencia de la póliza, a lo largo de la vida de la póliza y por siniestro o lesión. Unos límites de póliza más elevados implican, naturalmente, primas más altas (Kagan J. , Insurance: Definición, funcionamiento y principales tipos de pólizas, 2022).

Deducible

La franquicia es la cantidad que el asegurado debe pagar antes de que la compañía empiece a cubrir los daños. Sirven para disuadir de grandes volúmenes de siniestros de menor cuantía. Las franquicias se aplican por siniestro o póliza, según el tipo de póliza. Las pólizas con franquicias elevadas son más baratas, ya que el asegurado paga una gran parte de su bolsillo (Kagan J. , Insurance: Definición, funcionamiento y principales tipos de pólizas, 2022).

¿Qué tipo de seguro necesita?

El futuro es impredecible, por lo que debemos estar preparados para cualquier incidente desafortunado. Asegurarse contra las pérdidas que cambian la vida debe ser siempre una prioridad a la hora de elegir una póliza de seguros. Hay cuatro tipos principales de pólizas de seguro en las que conviene invertir: seguro de vida, seguro médico, seguro de automóvil y seguro de invalidez (McMaken, 2022).

Seguro de vida

El seguro de vida es importante si su familia depende de sus ingresos para sobrevivir o si tiene una deuda que pasará a su familia si usted fallece. Cuanto mayor se es, más caro resulta el segurode vida y por eso es necesario contratar un seguro de vida cuando se es más joven, sobre todo si se puede conseguir a un tipo de interés más bajo. El momento adecuado para contratar un seguro anza variará obviamente de una persona a otra, dependiendo tanto de la familia como de la situación financiera (Tracy, 2023). Existen dos tipos principales de pólizas de seguro de vida: de vida entera y de vida temporal.

- Una póliza de vida entera puede utilizarse como una herramienta de ingresos y una instrumento de seguro. Tiene prestaciones por fallecimiento y valor en efectivo. A medida que aumenta el valor de la póliza, puede acceder al dinero solicitando un préstamo o retirando el valor en efectivo de la póliza y rescindirla.

- La póliza de vida temporal le cubre durante un periodo fijo de tiempo, como diez años, 20 o 30 años. Es el tipo de póliza más asequible.

(McMaken, 2022)

Por lo general, las personas deberían contratar un seguro de vida cuando son más jóvenes, pero para algunos no es posible debido a los préstamos estudiantiles, hipotecarios y de otro tipo que tienen pendientes. Si no piensas tener pareja ni hijos, puede que no necesites un seguro. Sin embargo, si crees que puede formar parte de tu futuro, tienes que contratar la póliza antes de que parezca que la necesitas (Tracy, 2023).

> **Consejo nº 71:**
>
> No tenga miedo de comparar varias empresas y sus ofertas.

Seguro de enfermedad

La mayoría de la gente piensa que no necesita un seguro médico porque nunca se pone enferma, pero nadie planea una enfermedad o un accidente, siempre son imprevistos, así que es mejor prepararse para lo peor que esperar a que ocurra y luego tener que luchar para llegar a fin de mes. Una pierna rota puede costar más de 7.500 dólares, sin contar los gastos médicos. Medicacion, la hospitalización y el resto de gastos. Tener este tipo de deudas médicas puede dejarte lisiado durante mucho tiempo. La prueba de lo impredecible que es la vida es evidente, ya que nadie podía prever la pandemia y provocó un gran trastorno financiero difícil de manejar. Con el aumento del coste de la asistencia sanitaria y la inflación, la gente ha empezado a pasar aún más apuros y lo único que puede hacer por sí mismo y por su familia es planificar para tiempos turbulentos. El seguro médico no sólo es necesario para protegerse a sí mismo y a su familia de enfermedades y lesiones imprevistas, sino que también le ayuda a proteger sus ahorros asegurándose de que se utilizan para los fines previstos y no para cubrir gastos médicos (6 Reasons Why You Need To Get A Health Insurance, n.d.) (¿Por qué preocuparse por el seguro médico?, n.d.).

Consejo nº 72:

Si es joven y goza de buena salud, consulte los planes de salud con deducible elevado (HDHP).

Seguro de automóvil

Recuerdo una vez que estuve conduciendo durante horas porque quería llegar a mi destino antes de que se pusiera el sol. Tenía programada una cena de Acción de Gracias con mi familia y les había prometido que estaría allí, así que quería cumplir mi palabra. Mi coche empezó a quedarse sin gasolina y recuerdo que me detuve en un pueblecito cercano para encontrar una gasolinera y llenar el depósito. Por desgracia, justo cuando entraba en la calle principal del pueblo, un camión de reparto salió de la nada y chocó contra mi coche. Afortunadamente, no sufrí heridas graves, pero mi coche quedó muy dañado. Lo único que me dio tranquilidad es que tenía seguro de automóvil y sabía que cubriría todos los daños. Esta situación surgió de la nada y si no hubiera tenido seguro de coche, habría tenido que pagar ese dinero de mi bolsillo y lo más probable es que hubiera caído endeudarse. Sin embargo, si no estás convencido de contratar un seguro de coche, aquí tienes algunas razones por las que deberías planteártelo.

- En primer lugar, no tener seguro de coche es ilegal en la mayoría de los estados de EE.UU., así que tienes que invertir en él. De hecho, si no lo tienes, es posible que tengas que pagar fuertes multas.

- El seguro no sólo te protege, sino que también te ayuda a pagar los accidentes que puedas haber causado.

- Tener un seguro de coche también protege tu patrimonio, porque si no tienes dinero suficiente para cubrir los gastos, el abogado de la otra persona podría embargar todos tus bienes para pagar los daños.

- Si te declaran culpable del accidente, no sólo cubres tus propios gastos, sino que también tienes que pagar las facturas de tu pasajero, y las facturas médicas pueden ser muy caras.

(Butsch, 2022)

Seguro de hogar

Nuestras casas son las mayores inversiones que hacemos en nuestras vidas. No es sólo la propiedad lo que tiene valor, sino también las pertenencias y los miembros que están unidos a esa casa. Pero a veces, ni siquiera los mejores sistemas de seguridad consiguen proteger nuestras casas de catástrofes naturales, accidentes, incendios y robos, porque nunca podemos eliminar la posibilidad de que ocurra algo. Sin embargo, podemos minimizar el impacto financiero de estos accidentes contratando un seguro de hogar. No es obligatorio por ley y no lo necesitas si alquilas la vivienda, pero si eres el propietario, puede ser una buena idea invertir en él. Puedes contratar la póliza estándar, que cubre daños por granizo, viento, humo, explosión e incendio, así como daños causados por actividades delictivas. También puede optar por un seguro de continente, que cubre las paredes, las instalaciones y los accesorios, o por un seguro de contenido, que cubre objetos del interior de la vivienda como ordenadores portátiles, joyas, cuadros, muebles, etc. (¿Por qué es importante tener un seguro de hogar?, s.f.)

Consejo nº 73:

Puede haber descuentos disponibles que podrían reducir aún más los costes de su seguro.

Seguro de invalidez

El seguro de incapacidad laboral cubre a las personas que no pueden trabajar. La decisión de contratar este seguro depende de su situación económica, así que si no puede trabajar y no tiene ninguna otra fuente de ingresos para cubrir sus gastos de manutención, el seguro de incapacidad puede hacerle la vida más fácil. Para tener derecho a este seguro, debe haber estado empleado en un trabajo que le obligara a cotizar a la Seguridad Social y padecer una enfermedad que se ajuste a la definición establecida por la Seguridad Social. Si está parcial o temporalmente incapacitado, no tiene derecho a este seguro. Existen dos tipos principales de seguros privados de invalidez:

- En la póliza a corto plazo, hay que esperar 14 días, y el pago de prestaciones durante casi 2 años.

- En la póliza a largo plazo, hay que esperar unas semanas o meses, pero las prestaciones se pagan durante unos años, hasta el final de la vida del beneficiario.

(¿Necesito un seguro de invalidez?, s.f.)

Consejo nº 74:

Asegúrese de que entiende las exclusiones de la póliza y qué tipos de discapacidad están cubiertos (por ejemplo, las enfermedades mentales frente a las discapacidades físicas) en su seguro de incapacidad.

---

7 consejos para elegir el La compañía de seguros adecuada para

Elegir la compañía de seguros y el plan adecuados puede resultar bastante abrumador, así que, para facilitarle la tarea, a continuación le ofrecemos algunos consejos que debe seguir a la hora de buscar su póliza de seguros.

1. Comparar la reputación de las empresas

Lo bueno de vivir en una era digital es el acceso a las reseñas dejadas por clientes anteriores. Aprovéchalas y averigua cuánto tiempo llevan en el negocio, a qué estados atienden, su misión y valores, su solidez financiera y la dirección de la empresa (Stueber, 2016).

2. Comprender la solidez financiera de la compañía de seguros

Nunca querrás encontrarte en una situación difícil solo para descubrir que tu compañía de seguros no puede pagarte. Muchas compañías trabajan con empresas externas que califican a sus agencias, así que busca esas reseñas (Stueber, 2016).

3. Cobertura financiera

Elija una compañía de seguros que pueda proporcionarle la cantidad de cobertura que necesita para su negocio o sus necesidades personales (Stueber, 2016).

4. Precios

El precio debe ser una consideración importante, pero no la única. A veces, se obtiene lo que se paga. Si pagas un precio más bajo, entonces tendrás menos cobertura, por lo que tendrás que pagar más dinero de tu bolsillo. Hable con su agente de seguros antes de seleccionar el precio más bajo a la primera (Stueber, 2016).

5. Facilidad para hacer negocios

Tu proveedor de seguros debe hacerte sentir lo suficientemente cómodo como para que no dudes en hacerle cualquier pregunta importante. Por eso, elige una compañía que no te haga sentir incómodo o estúpido (Stueber, 2016).

6. Descuentos

Muchas compañías de seguros pueden ofrecer descuentos, así que pregunte si puede solicitarlos o no. Además, asegúrese de hacer las preguntas apropiadas que acompañan a esos descuentos, como si el descuento es por un tiempo limitado y si tendrá que pagar el precio completo después de un tiempo específico o no. (Stueber, 2016).

7. Pida referencias

El marketing es muy convincente y puede influirnos rápidamente en una dirección. Sin embargo, antes de decidirse por una empresa, pida opiniones y referencias a sus amigos y familiares (Stueber, 2016).

Ahora que ha aprendido todo sobre finanzas personales, es importante que transmita esas lecciones a sus hijos y a la siguiente generación. Enseñar a tus hijos a administrar el dinero es una lección muy valiosa que puede ayudarles a lo largo de su vida y darles una base financiera sólida.

Resumen

- Utilice Internet y pida referencias antes de decidirse por un plan y una compañía de seguros.

- El seguro de vida debe contratarse lo más joven posible.

- Si está incapacitado parcial o temporalmente, no tiene derecho al seguro de invalidez.

- El seguro de hogar puede ayudarle a proteger sus recuerdos y los objetos que hay dentro de su casa.

- Nunca se pueden predecir los accidentes, así que asegúrate de contratar un seguro de coche porque no sólo es ilegal no tener seguro de coche en todos los estados, sino que también te evitará pagar mucho dinero de tu bolsillo.

9–En la Casa

"Quien abre una puerta de escuela, cierra una prisión".

- Victor Hugo

La razón por la que tenemos que aprender finanzas por nuestra cuenta es que no nos enseñan finanzas en casa ni en la escuela. Así que, para combatir esto y evitar que tus hijos pasen por los mismos problemas, vamos a centrar este capítulo en la importancia de enseñar a tus hijos la importancia de ahorrar dinero, establecer objetivos financieros y ser conscientes a la hora de tomar decisiones.

Consejo nº 75:

Discutir los deseos frente a las necesidades - Nunca es demasiado pronto para enseñar a los niños la importancia de la responsabilidad financiera, empezando por una lección de comprensión de los deseos frente a las necesidades. Los padres pueden ayudar a los niños a distinguir, por ejemplo, entre lo básico, como la vivienda y la sanidad, y los "extras", como las entradas de cine o los accesorios de diseño. Al introducir estos conceptos fundamentales a una edad temprana, les estamos preparando para el éxito a largo plazo.

> **Consejo n° 76:**
>
> Deja que ganen su propio dinero - Inculcar la importancia del ahorro empieza en la infancia. Dar a los niños la oportunidad de ganar y guardar su propio dinero es una forma eficaz de que aprendan a presupuestar y reconozcan el valor del trabajo duro.

Ventajas de que empiecen jóvenes

Los niños pueden parecer demasiado pequeños para este tipo de conversación, pero son muy inteligentes y absorben todo lo que les enseñas. Al hablarles de dinero, les estás dando una valiosa información financiera. Además, enseñarles de pequeños tiene muchas otras ventajas.

- Para muchos, el dinero es un tema tabú que demoniza el dinero en sí mismo y puede hacer que la gente tenga miedo de utilizarlo. hablar de vez en cuando sobre el dinero puede ayudar a normalizar las conversaciones sobre el dinero y hacer que parezca un medio para vivir una buena vida, en lugar del objetivo final.

- Enseñarles habilidades les ayudará a alcanzar el éxito financiero más adelante en la vida.

- Podrías convertir tus errores del pasado en lecciones de vida, para que tus hijos no cometan los mismos errores.

- Si no les enseñas, existe la posibilidad de que nunca aprendan.

- Muchos adultos tienen dificultades para gestionar sus finanzas, por lo que enseñar a sus hijos educación financiera puede ayudarles a convertirse en adultos seguros desde el punto de vista financiero.

- El dinero es un tema que supone un reto mental para algunos, así que si enseña a sus hijos a administrarlo desde pequeños, podrán reducir la ansiedad que les produce más adelante.

(4 razones por las que es importante que los niños aprendan finanzas, 2022) (Payne, 2022)

Consejo nº 77:

Establezca objetivos de ahorro - Ayudar a los niños a comprender el poder del ahorro puede ser una forma estupenda de cultivar buenos hábitos. Introducir a los niños en objetivos de ahorro que sean alcanzables y relevantes es clave, como dividir las cantidades más grandes en objetivos más pequeños y alcanzables. Con este planteamiento, los más pequeños pronto se darán cuenta de lo que les cuesta comprar los artículos que desean a lo largo del tiempo.

Consejo nº 78:

Proporcióneles un lugar donde ahorrar - Ayude a sus hijos a alcanzar sus objetivos financieros con una cuenta de ahorro accesible. Tanto si son pequeños como si tienen más experiencia en el mundo de las finanzas, puedes prepararles para el éxito abriéndoles una cuenta bancaria tradicional o una tarjeta de débito adaptada a sus necesidades. Deles las herramientas necesarias para que adquieran hábitos financieros saludables y vea cómo sus sueños toman forma.

Cuatro principios para empezar a enseñar finanzas

Hay cuatro principios básicos que pueden ayudar a iniciar el proceso de enseñar a los niños. de la educación financiera.

Consejo nº 79:

Haz que controlen sus gastos - Anima a tus hijos a tomar el control de sus finanzas controlando sus gastos semanales. Muéstreles el impacto que pueden tener los pequeños ajustes, ayudándoles a alcanzar sus objetivos de ahorro de forma más rápida y eficiente.

Consejo nº 80:

Actúe como su acreedor - ¡La inteligencia monetaria empieza pronto! Haz que tu hijo aprenda la importante lección del ahorro convirtiéndote en su acreedor. Si quiere algo que cuesta 50 dólares y se siente impaciente, "préstele" el dinero, con los intereses de su paga. Retrasar la gratificación es la clave: si espera para comprar algo, a la larga le costará menos.

Un poco de impuestos

Los niños deben saber que no se quedan con cada céntimo que ganan. El gobierno recauda una parte importante de tus ingresos en concepto de impuestos, así que busca la manera de enseñarles cómo funciona (Edelman, 2022).

Consejo nº 81:

Deja que ganen su propio dinero - Animar a tus hijos a ahorrar implica darles la oportunidad de ganar y administrar dinero, lo que les enseña valiosas habilidades. Darles dinero a cambio de realizar tareas también les ayuda a comprender la importancia de su esfuerzo y su recompensa.

Consejo nº 82:

Establezca objetivos de ahorro - A un niño, decirle que ahorre, sin explicarle por qué, puede parecerle inútil. Ayudar a los niños a definir un objetivo de ahorro puede ser una forma mejor de motivarles.

Gastar un poco

Una de las muchas alegrías de ganar dinero es la posibilidad de gastarlo. Deja que tu hijo compre algo que quiera con el dinero que ha ganado (Edelman, 2022).

Consejo nº 83:

Deje que utilicen el dinero ahorrado - La gratificación es la mejor manera de enseñar a alguien el valor de algo, sobre todo del dinero. Por eso, cuando hayan alcanzado sus objetivos de ahorro, deja que tus hijos gasten su dinero.

Ahorrar un poco

No todo lo que quieres aparecerá en tu mano inmediatamente, así que enseña a tus hijos a ahorrar dinero para hacer una compra mayor (Edelman, 2022).

> ## Consejo nº 84:
>
> Ofrezca incentivos - Si su hijo se ha fijado un objetivo de ahorro importante -por ejemplo, una tableta de 400 $-, puede ofrecerle igualar un porcentaje de lo que haya ahorrado. Como alternativa, puede ofrecer una recompensa cuando su hijo alcance un hito de ahorro, como una bonificación de 50 $ por llegar a la mitad.

Dar un poco

El dinero conlleva responsabilidad. Enseña a tus hijos la alegría de compartir su dinero con los menos afortunados para que crezcan como personas fuertes y solidarias (Edelman, 2022).

> ## Consejo nº 85:
>
> Comparte con los menos afortunados - Enseñar a los niños a ser responsables con el dinero también implica enseñarles que siempre hay que compartir el dinero con los menos afortunados, porque eso es algo que queremos que hagan de forma natural cuando empiecen a ganar dinero. Quieres que crezcan siendo tan generosos y compasivos como tú.

Consejo nº 86:

¡Acepte los errores! - No hay que tener miedo a los errores. Por el contrario, pueden ser magníficos, ya que puede ser mejor utilizar ese error como un momento de aprendizaje.

Consejo nº 87:

Hable de dinero - Para inculcar a los niños el sentido del ahorro, es esencial mantener un diálogo continuo. Tanto si reserva una sesión semanal específica para hablar de dinero como si integra las conversaciones sobre el dinero en las rutinas diarias, el aspecto crucial es mantener la conversación a lo largo del tiempo.

7 consejos para enseñar a su hijo a ahorrar Money

Enseñar a los niños a retrasar la gratificación es una de las lecciones más importantes de la infancia, porque puede protegerles contra el gasto innecesario y conseguir un control total de sus finanzas. Empezar puede ser complicado, así que aquí tienes algunos consejos que pueden ayudarte.

Consejo nº 88:

Ayúdeles a invertir - Cuando sus hijos hayan acumulado algunos ahorros, puede explorar opciones como abrir una cuenta de corretaje en custodia o ayudarles a comprar acciones fraccionarias. Estas vías no sólo fomentan el sentido de la propiedad, sino que también imparten valiosas lecciones sobre cómo investigar y supervisar sus inversiones.

Consejo nº 89:

Enséñales sobre el crédito - Cuando asumes la responsabilidad de devolver el dinero prestado, los prestamistas pueden confiar más en ti cuando necesites hacer una compra importante en el futuro.

Consejo nº 90:

Ayúdales y hazles saber que no están solos - Quieres que tus hijos sean adultos totalmente independientes, pero puede que tengas que intervenir de vez en cuando para evitar que se desvíen del camino. Al fin y al cabo, tomar malas decisiones financieras puede ser una experiencia de aprendizaje muy costosa.

Debatir los deseos frente a las necesidades

Ayúdales a distinguir entre deseos y necesidades. Explícales que las necesidades son cosas básicas que los humanos necesitamos para vivir, como comida y cobijo, y que los deseos son cosas que utilizamos para entretenernos, como ir a ver una película o comer fuera (Lake, 2022).

Deja que Pem gane su propio dinero

S i quieres que tus hijos ahorren, tienes que enseñarles la importancia del dinero dejándoles que se lo ganen. Puedes hacerles hacer tareas y ofrecerles una paga como recompensa (Lake, 2022).

Establecer objetivos de ahorro

Fijar objetivos de ahorro y explicarles por qué tienen que ahorrar. Divide sus objetivos en pasos más pequeños y explícaselos para que entiendan las razones del ahorro (Lake, 2022).

> ## Consejo nº 91:
>
> **Da ejemplo - Mostrar a tus hijos cómo consigues tus objetivos a través del presupuesto, el ahorro y la inversión les dará confianza en que ellos pueden hacer lo mismo.**

> ## Consejo nº 92:
>
> Haz que el ahorro sea visual - ¿Quién de nosotros no tuvo una de esas icónicas huchas rosas durante su infancia? Aunque las huchas son un concepto atemporal, carecen de un elemento visual que permita a los niños hacer un seguimiento de sus ahorros. Optar por un tarro transparente permite a los niños ver cómo crece su dinero, proporcionándoles una representación tangible de su progreso financiero.

Proporcionar un lugar para ahorrar

Tienes que guardar los ahorros de tus hijos. Pueden guardarse en forma de hucha o incluso puedes crear cuentas de ahorro para los niños mayores (Lake, 2022).

> ## Consejo nº 93:
>
> Enséñales a estar contentos - Con el consumo excesivo que se glorifica en todas y cada una de las redes sociales, es importante que enseñes a tus hijos a estar contentos con las cosas que tienen, sobre todo si aún les queda mucha vida.

Hacer un seguimiento de los gastos de Pem Peir

Una buena parte del ahorro consiste en saber en qué se gasta el dinero. Así que ayude a sus hijos a controlar sus gastos (Lake, 2022).

Consejo nº 94:

Encourage Fiscal Accountability - Support your children in developing fiscal accountability by guiding them to track their spending. Introduce them to useful tools like a spending log or budgeting app for a comprehensive understanding of where their money is allocated. This also promotes a responsible approach to money, setting the stage for sound financial decision-making throughout their lives.

Consejo nº 95:

Enséñales a ser responsables ayudándoles a ahorrar para la universidad: coge una parte de su sueldo y deposítala en una cuenta de ahorro para la universidad. Su hijo sentirá que participa en el juego al contribuir a su educación.

Consejo nº 96:

Enséñales sobre tarjetas de crédito - En cuanto tu hijo cumpla 18 años, se verá acosado por ofertas de tarjetas de crédito. De ti depende entonces enseñarles los peligros y las ventajas de tener una antes de que sean víctimas de las deudas.

Actuar como acreedor Peir

Podrías prestar dinero a tus hijos si quieren comprar algo para enseñarles cómo funcionan los préstamos, porque aprender a ahorrar también significa saber que no hay que vivir por encima de las necesidades (Lake, 2022).

> ## Consejo n° 97:
>
> **Ayúdales a pedir prestado con prudencia - Siempre llegará un momento en que tus hijos necesiten pedir prestado, y es importante enseñarles a hacerlo con prudencia para que no se pasen de la raya y se endeuden.**

Dar buenos ejemplos

Al fin y al cabo, los niños son el reflejo de sus padres. Sólo aprenden si les das buenos ejemplos (Lake, 2022).

> ## Consejo n° 98:
>
> **Dé buen ejemplo - Dar buen ejemplo es clave para llevar a sus hijos por el camino del ahorro. Mostrarles que guardar dinero para emergencias, fondos de jubilación o experiencias divertidas puede ayudar a inculcarles hábitos financieros positivos desde una edad temprana. Usted y su familia podrían tomar medidas proactivas para conseguir algo con lo que todos sueñan, como planificar contribuciones por adelantado para caprichos especiales como una televisión de pantalla grande o una escapada de vacaciones.**

Consejo nº 99:

Enséñales a hacer presupuestos - Controlar sus gastos significa evaluar a dónde va a parar su dinero. Acostúmbrales a controlar sus gastos elaborando un presupuesto.

Consejo nº 100:

Vivir por debajo de sus posibilidades - Aunque los niños pueden darse algún capricho de vez en cuando, asegúrate de que sus gastos no les controlan. Si no pueden pagar la tarjeta de crédito todos los meses, significa que viven por encima de sus posibilidades.

Consejo nº 101:

Invertir no es apostar - Por último, los niños deben entender que invertir no es apostar. Para animarles a tomar decisiones inteligentes, deberías permitirles invertir pequeñas cantidades de su dinero y enseñarles lo que son los beneficios y las pérdidas.

Resumen

- Hay que enseñar a los niños la importancia del ahorro desde pequeños.

- Enseña a tus hijos la importancia del dinero.

- Los niños son el reflejo de sus padres, así que dales un buen ejemplo.

- Además de ahorrar, enseña a tus hijos el placer de gastar.

Estas lecciones básicas son esenciales no sólo para el desarrollo de hábitos financieros saludables más adelante en la vida, sino también para comprender cómo funciona el dinero en nuestra economía y en la sociedad en su conjunto.

CONCLUSIÓN

Las mujeres ya están en desventaja porque, a pesar de vivir en el siglo XXI, todavía se las considera inferiores y se las excluye por completo de algunos campos profesionales considerados tradicionalmente más masculinos. A lo largo de este libro, hemos tocado varios temas que pueden ayudar a las mujeres a recuperar su independencia y a incursionar en uno de los campos más "masculinos", las finanzas. Las mujeres son tan capaces como los hombres y siempre lo han sido, lo que les falta es conocimiento y este libro pretendía salvar esa brecha proporcionando toda la información relevante que pudieran necesitar para tener éxito en la gestión de sus propias finanzas, invirtiendo y ahorrando para la jubilación o momentos inesperados. Cada capítulo está impregnado de un aspecto diferente de las finanzas para que las mujeres exploren a fondo cada tema y la multitud de opciones que pueden tener.

Mi objetivo con este libro era crear un mundo en el que las mujeres nunca tuvieran que experimentar lo que yo experimenté cuando estaba en esa tienda de comestibles. Ese tipo de vergüenza es algo que queda grabado para siempre en nuestras mentes. Al principio las cosas fueron bastante difíciles, porque tenía que frenar esos hábitos de gasto negativos y perjudiciales mientras pagaba mis deudas. Después de trabajar duro durante años y esforzarme cada día, por fin conseguí escapar de las deudas y empecé a ahorrar dinero para la jubilación. Esta nueva libertad financiera me dio una tranquilidad inmensa y ya no tenía que preocuparme por el cúmulo de facturas. Lo mejor era que no tenía que sacrificarlo todo para conseguirlo. Claro que algunos días los pasé encerrada, cocinando mi propia comida, pero esos días me ayudaron a mejorar mi estilo de vida en general. Quiero que mi historia sirva de motivación para quienes también tienen problemas con sus finanzas. Por eso cada parte del libro te ayuda a contemplar tus acciones, qué buscar y cómo utilizar la estructura de las finanzas personales para vivir una vida mejor. Pero Entender el porqué es sólo el principio. Hay que ir un paso más allá y trazar los pasos hacia el éxito.

Con esto, el libro ha llegado a su fin. Si este libro le ha ayudado y cree que puede servir de guía a otras personas que luchan con problemas similares, considere la posibilidad de dejar una reseña para que el libro pueda llegar a otras mujeres que luchan e impulsarlas hacia la libertad financiera.

REFERENCIAS

4 cosas básicas que hay que saber sobre los bonos. (2022, 24 de octubre). Investopedia. https://www.investopedia.com/articles/bonds/08/bond-market-basics.asp

4 estrategias para hacer frente a la volatilidad de los mercados. (2023, 22 de febrero). https://www.usbank.com/financialiq/invest-your-money/investment-strategies/four-strategies-for-coping-with-market-volatility.html

4 Tipos de pólizas de seguro y cobertura que necesita. (2022, 28 de mayo). Investopedia. https://www.investopedia.com/financial-edge/0212/4-types-of-insurance-everyone-needs.aspx

5 maneras sencillas de invertir en el sector inmobiliario. (2022, 15 de julio). Investopedia. https://www.investopedia.com/investing/simple-ways-invest-real-estate/

6 estilos de inversión: ¿Cuál se adapta a ti? (2022, 5 de junio). Investopedia. https://www.investopedia.com/financial-edge/0410/6-investment-styles-which-fits-you.aspx

Las 7 mejores maneras de construir un buen crédito. (2022, 1 de abril). The Balance. https://www.thebalancemoney.com/ways-to-build-good-credit-960109

7 maneras de establecer un buen crédito. (sin fecha). https://www.atlanticbay.com/knowledge-center/7-ways-to-establish-good-credit/

8 maneras sencillas de recortar gastos innecesarios. (2022, 14 de enero). The Balance. https://www.thebalancemoney.com/how-to-trim-unnecessary-spending-4129673

10 miedos monetarios comunes y cómo superarlos. (sin fecha). Psicología del dinero. https://www.money254.co.ke/post/10-common-money-fears-and-how-to-overcome-them-money-psychology

10 importantes beneficios de ahorrar dinero. (sin fecha). https://homebusiness-mag.com/money/personal-finance/10-important-benefits-saving-money/

10 estrategias para evitar endeudarse | Banco Central. (sin fecha). https://www.centralbank.net/learning-center/strategies-to-avoid-debt/

10 consejos para enseñar a tus hijos a ahorrar dinero. (2022, 21 de junio). Investopedia. https://www.investopedia.com/personal-finance/10-tips-teach-your-child-save/

12 maneras fáciles de recortar gastos en casa. (2022, 26 de agosto). Debt.org. https://www.debt.org/advice/how-to-cut-expenses/

12 consejos para usar una tarjeta de crédito pero no acabar endeudado | Saldar deudas. (2023, 2 de febrero). Credit Counselling Society. https://nomoredebts.org/credit/how-to-use-credit-card

54 maneras de ahorrar dinero | America Saves. (sin fecha). https://americasaves.org/resource-center/insights/54-ways-to-save-money/

403 Prohibido. (s.f.). *Cómo te afectan las creencias de tus padres sobre el dinero.* https://www.psychologytoday.com/us/blog/mental-wealth/202108/how-your-parents-beliefs-about-money-affect-you

A. (s.f.-). *¿Necesito un seguro de invalidez?* 360 Grados de Educación Financiera. https://www.360financialliteracy.org/Topics/Spending-Saving/Insurance/Do-I-Need-Disability-Insurance

Breve historia de Universal Life. (s.f.). https://www.soa.org/globalassets/assets/library/monographs/50th-anniversary/product-development-section/1999/january/m-as99-3-06.pdf

Una actitud sana hacia el dinero conduce a la seguridad financiera. (sin fecha). Financial Planning Blog | More Than Your Money Inc. https://morethanyourmoney.com/blog/a-healthy-attitude-toward-money-leads-to-financial-security

Guía rápida para utilizar su fondo de emergencia. (2022, 17 de enero). The Balance. https://www.thebalancemoney.com/when-should-you-use-your-emergency-fund-453900

Acceso denegado. (s.f.). https://www.allstate.com/resources/life-insurance/variable-universal-life-insurance

AllBusinessTemplates. (2018, 8 de mayo). *Planificador de presupuesto imprimible | Plantillas en allbusinesstemplates.com*. Pinterest. https://www.pinterest.ph/pin/budget-planner-printable-how-to-create-a-budget-planner-printable-download-this-budget-plann--740771838683549805/

Anualidad.org. (2023, 30 de enero). *Cómo fijar y alcanzar sus objetivos financieros | Consejos y recursos*. https://www.annuity.org/personal-finance/financial-wellness/financial-goals/

¿Sus hijos tienen conocimientos financieros? (2022, 17 de enero). Investopedia. https://www.investopedia.com/ric-edelman-teach-kids-financial-literacy-4684227

Ashford, K. (2022, 14 de julio). La *magia del interés compuesto que cambia la vida*. Forbes Advisor. https://www.forbes.com/advisor/investing/compound-interest/

Actitud ante el dinero. (s.f.). https://www.incharge.org/wp-content/uploads/2015/06/2-attitudes-about-money.pdf

Autobytel (sin fecha). *The Pros and Cons of Car Financing vs Leasing*. https://www.autobytel.com/auto-news/the-pros-and-cons-of-car-financing-vs-leasing-105452/

B. (2022, 2 de agosto). *IUL vs. Roth IRA: ¿Cuál es mejor para sus ahorros de jubilación? BravoPolicy*. https://bravopolicy.com/life-insurance/iul-vs-roth-ira/

B. (2023, 9 de febrero). *Financiación directa de automóviles: Qué es y cómo encontrar un prestamista*. Bankrate. https://www.bankrate.com/loans/auto-loans/direct-auto-financing/

Balfour, B., y Matthews, K. L., II. (2022, 11 de octubre). *Cómo le afecta el mal crédito*. LendingTree. https://www.lendingtree.com/credit-repair/how-bad-credit-affects-you/

Bank of America | Página no encontrada. (s.f.). https://www.bankofamerica.com/banking-information/error-page-en.html

Bareham, H. (2022, 3 de noviembre). *Pros y contras de la consolidación de préstamos estudiantiles*. Bankrate. https://www.bankrate.com/loans/student-loans/pros-cons-student-loan-consolidation/

Beal Financial Group - IUL vs 401 (K). (s.f.). https://www.bealfinancialgroup.com/iul-vs-401-k

Bennett, K. (2022, 13 de octubre). *Cuenta corriente frente a cuenta de ahorro: ¿Cuál es la diferencia?* Bankrate. https://www.bankrate.com/banking/checking-vs-savings-accounts/

Bennett, R. (2022, 7 de septiembre). *Cómo elegir un banco: 8 pasos a seguir.* Bankrate. https://www.bankrate.com/banking/how-to-choose-a-bank/

Bennett, R. (2023, 11 de enero). *¿Cuándo debe gastar su fondo de emergencia?* Bankrate. https://www.bankrate.com/banking/savings/when-to-use-emergency-fund/

Bond, C. (2022, 5 de agosto). *Cuándo y por qué renunciar a una póliza de seguro de vida.* Forbes Advisor. https://www.forbes.com/advisor/life-insurance/surrender-life-insurance-policy/

Bonos | Investor.gov. (sin fecha). https://www.investor.gov/introduction-investing/investing-basics/investment-products/bonds-or-fixed-income-products/bonds

Boyd, C. (2021, 26 de agosto). *Tapone sus fugas de gasto.* Molen & Associates. https://molentax.com/plug-your-spending-leaks/

Brown, K. (2022, 8 de septiembre). *7 pasos para transformar su relación con el dinero.* Clever Girl Finance. https://www.clevergirlfinance.com/blog/transforming-your-relationship-with-money/

Crear un fondo de emergencia. (2022, 30 de junio). Investopedia. https://www.investopedia.com/personal-finance/how-to-build-emergency-fund/

Butcher, S. (2022, 7 de octubre). *The Rich Get Richer & The Poor Get Poorer (+Vídeo).* Calmpreneur®. https://calmpreneur.com/rich-get-richer-eft-tapping/

Butsch, C. (2022, 10 de marzo). *7 razones por las que deberías tener un seguro de coche.* Money Under 30. https://www.moneyunder30.com/why-do-you-need-car-insurance

¿Puedo retirar dinero de mi póliza de seguro de vida universal? (2020, 2 de septiembre). Life Ant. https://www.lifeant.com/faq/can-i-withdraw-money-from-my-universal-life-insurance-policy/

Préstamos para coches. (2022, 9 de mayo). Investopedia. https://www.investopedia.com/auto-loans-4689734

Efectivo frente a crédito: ¿cuál usar? (sin fecha). Capital One. https://www.capitalone.com/learn-grow/money-management/when-to-use-cash-vs-credit/

Castrillon, C. (2020, 12 de julio). *5 maneras de pasar de la mentalidad de escasez a la de abundancia*. Forbes. https://www.forbes.com/sites/carolinecastrillon/2020/07/12/5-ways-to-go-from-a-scarcity-to-abundance-mindset/?sh=77bebfa71197

El cheque: Qué es, cómo funcionan los cheques bancarios y cómo escribir uno. (2021, 11 de agosto). Investopedia. https://www.investopedia.com/terms/c/check.asp

CHN Consultoría Financiera. (s.f.). *5 beneficios de ahorrar dinero | CHN*. https://www.chnfc.co.uk/5-benefits-of-saving-money

Comai-Legrand, L. (2022, 5 de diciembre). *Pros y contras del alquiler frente a la compra de una vivienda*. https://www.firstalliancecu.com/blog/pros-and-cons-of-renting-and-buying-a-home

Cooper, S. (2022, 23 de noviembre). *A Look at IUL Fees, Costs, & Illustration Manipulation*. FIG Marketing. https://www.figmarketing.com/blog/a-look-at-iul-fees-costs-and-illustration-manipulation/

Correa, J. (2022, 23 de junio). *¿Cómo funcionan los préstamos para coches?* Asesor de Forbes. https://www.forbes.com/advisor/auto-loans/how-do-car-loans-work/

Elaborar un presupuesto es una de las mejores decisiones financieras que puede tomar para usted y su familia. Un presupuesto no sólo le ayudará a determinar y alcanzar sus objetivos a largo plazo, sino que también le ayudará a gestionar sus gastos diarios y a controlar sus finanzas. (sin fecha). Blackhawk Bank. https://www.blackhawk-bank.com/top-budgeting-myths

Tarjetas de crédito frente a tarjetas de débito: ¿Cuál es la diferencia? (2023, 2 de marzo). Investopedia. https://www.investopedia.com/articles/personal-finance/050214/credit-vs-debit-cards-which-better.asp

Crédito: qué es y cómo funciona. (2023, 14 de febrero). Investopedia. https://www.investopedia.com/terms/c/credit.asp

Croll, M. (2022, 2 de noviembre). *¿Qué es el seguro de vida universal? Pros and Cons*. ValuePenguin. https://www.valuepenguin.com/life-insurance/universal-life-insurance

Cruze, R. (2022, 14 de julio). *Guía rápida para su fondo de emergencia*. Ramsey Solutions. https://www.ramseysolutions.com/saving/quick-guide-to-your-emergency-fund

Criptodivisa explicada con pros y contras para la inversión. (2023, 4 de febrero). Investopedia. https://www.investopedia.com/terms/c/cryptocurrency.asp

Inversión en criptodivisas. (sin fecha). Schwab Brokerage. https://www.schwab.com/cryptocurrency

D. (s.f.-). *Seguro de vida universal, seguro de vida universal indexado, seguro de vida variable.* https://www.mutualofomaha.com/life-insurance/universal-life-insurance

Das, Y. (2022, 9 de noviembre). *Saber todo acerca de los beneficios y tipos de seguros.* A Comprehensive Guide to Money Transfer, Recharges, Bill Payments and Other Digital Payments | Paytm Blog. https://paytm.com/blog/insurance/what-is-insurance-definition-benefits-and-types/

Davis, C., & Taube, S. (2023, 23 de febrero). *Cómo invertir en acciones.* NerdWallet. https://www.nerdwallet.com/article/investing/how-to-invest-in-stocks

Guía de gestión de la deuda. (2023, 12 de febrero). Investopedia. https://www.investopedia.com/articles/pf/12/good-debt-bad-debt.asp

Deuda: qué es, cómo funciona, tipos y formas de amortizarla. (2023, 28 de febrero). Investopedia. https://www.investopedia.com/terms/d/debt.asp

Aplazamiento e indulgencia de morosidad | Trinity Debt Management. (sin fecha). https://www.trinitycredit.org/deferment-and-forbearance

Definición de los objetivos básicos de inversión: Qué tener en cuenta. (2022, 21 de mayo). Investopedia. https://www.investopedia.com/managing-wealth/basic-investment-objectives/

Dieker, N. (2023, 27 de febrero). *¿Por qué es tan importante un buen crédito?* Bankrate. http://www.bankrate.com/personal-finance/credit/why-is-good-credit-so-important/

¿Necesito realmente un seguro de invalidez? (sin fecha). MetLife. https://www.metlife.com/stories/accident-health/do-i-really-need-disability-insurance/

Efectos de la inflación en las inversiones. (2022, 16 de septiembre). https://www.usbank.com/financialiq/invest-your-money/investment-strategies/effects-of-inflation-on-investments.html

Episodio n° 4: Los costes asociados a una póliza de vida universal indexada. (s.f.). https://www.lifepro.com/Blog/PostId/1792/the-costs-associated-with-an-indexed-universal-life-policy

Episodio nº 31: ¿Qué tipo de rentabilidad puedo esperar de mi póliza IUL? (s.f.). https://www.lifepro.com/Blog/PostId/1827/what-type-of-return-can-i-expect-from-my-iul-policy

F. (2022b, 8 de julio). *4 Razones por las que es importante que los niños aprendan finanzas.* FFCCU. https://www.ffcommunity.com/4-reasons-its-important-for-kids-to-learn-financial-literacy

Ferreira, N. M. (2023, 19 de enero). *11 Best Side Hustle Ideas to Make an Extra ",000 a Month.* https://www.oberlo.com/blog/side-hustle

El psicólogo financiero explora las actitudes hacia el dinero | Emory University | Atlanta GA. (n.d.). Universidad de Emory. https://news.emory.edu/stories/2017/07/er_financial_psychologist/campus.html

Firestone, E. S. A. \. C. C. (2020, 12 de octubre). *Side Hustle Ideas: How to Find Yours and Make an Extra ",000 A Month (And More).* Shopify. https://www.shopify.com/ph/blog/side-hustle

Seguir estos 10 pasos le ayudará a evitar crear deudas de tarjetas de crédito. (2022, 17 de enero). The Balance. https://www.thebalancemoney.com/avoid-credit-card-debt-960043

Prohibido | Error | SmartAsset.com. (s.f.). https://smartasset.com/retirement/indexed-universal-life-insurance-iul

Free, F. C. O. (2021, 7 de agosto). *Cómo ahorrar dinero rápidamente con una congelación del gasto.* Fun Cheap or Free. https://funcheaporfree.com/how-to-do-a-spending-freeze/

Furniss, M. (s.f.). *Causas comunes del endeudamiento.* Norton Finance. https://www.nortonfinance.co.uk/know-how/debt-management/common-causes-of-debt

Galavan, K. (2021, 8 de enero). *16 Budgeting Myths That Are Holding You Back.* Forever Break. https://foreverbreak.com/lifestyle/budgeting-myths/

George, D. (2023, 22 de febrero). *Seguro de vida universal indexado (IUL): What It Is and Whether It's for You.* The Motley Fool. https://www.fool.com/the-ascent/insurance/life/indexed-universal-life-insurance-iul/

Glantz, J. (2020, 16 de septiembre). *Hice 3 cambios en mi estrategia de ahorro después de aprender sobre el interés compuesto, y ahora estoy ganando más que nunca.* Business Insider. https://www.businessinsider.com/personal-finance/earning-more-with-compound-interest-2020-9?international=true&r=US&IR=T

Glover, L., & Bradley, S. (2023, 1 de marzo). *Cómo conseguir un préstamo para un coche*. NerdWallet. https://www.nerdwallet.com/article/loans/auto-loans/how-to-get-a-car-loan

Goldberg, M. (2022, 12 de septiembre). *Bancos frente a cooperativas de crédito: Cómo decidir dónde guardar su dinero*. Bankrate. https://www.bankrate.com/banking/banks-vs-credit-unions/

Gregory, R. (2021, 26 de julio). *Ventajas y desventajas de pedir un préstamo*. https://www.wales247.co.uk/the-advantages-and-disadvantages-of-taking-out-a-loan

Gustafson, B. (2022, 11 de diciembre). *Pros y contras de invertir en un plan de jubilación 401(k)*. Triton Financial Group. http://tritonfinancialgroup.com/pros-cons-investing-401k-retirement-plan/

H. (2022, 14 de junio). *Movimientos históricos del mercado e IUL*. Banking Truths. https://bankingtruths.com/videos/market-history-and-iul/

Hasenstab, M. (2022, 30 de agosto). *15 Ways to Plug Leaks in Your Budget*. https://www.stlouisfed.org/open-vault/2020/april/ways-plug-leaks-household-budget

Hazell, A. (s.f.). *Calculadora de interés compuesto*. The Calculator Site. https://www.thecalculatorsite.com/finance/calculators/compoundinterestcalculator.php

Helhoski, A. (2023, 5 de enero). *Qué pedir prestado: Préstamos Estudiantiles Subsidiados vs. No Subsidiados*. NerdWallet. https://www.nerdwallet.com/article/loans/student-loans/unsubsidized-student-loans

Hola me llamo (nombre) y soy una adicta a las compras. (2021, 29 de septiembre). Reddit. https://www.reddit.com/r/femalefashionadvice/comments/pxxedd/hi_my_name_is_name_and_im_a_shopaholic/

Cómo afecta la inflación a sus finanzas. (sin fecha). Pru Life UK. https://www.prulifeuk.com.ph/en/explore-pulse/health-financial-wellness/high-inflation-hurts-your-finances-more-than-you-think

Cómo afectan el miedo, la culpa, la vergüenza y la envidia a tus objetivos financieros. (sin fecha). https://www.money254.co.ke/post/money-and-emotions-how-fear-guilt-shame-and-envy-affect-your-financial-goals

Cómo elegir una tarjeta de crédito. (s.f.). https://time.com/nextadvisor/credit-cards/how-to-choose-a-credit-card/

Cómo consolidar los préstamos estudiantiles. (2022, 24 de noviembre). Investopedia. https://www.investopedia.com/articles/personal-finance/011916/student-loan-refinancing-pros-and-cons.asp

Cómo mejorar su puntuación de crédito rápidamente. (2022, 4 de noviembre). Investopedia. https://www.investopedia.com/how-to-improve-your-credit-score-4590097

Cómo invertir en bonos. (sin fecha). BlackRock. https://www.blackrock.com/us/individual/education/how-to-invest-in-bonds

Cómo invertir en criptodivisas. (2022, 24 de septiembre). Investopedia. https://www.investopedia.com/investing-in-cryptocurrency-5215269

Cómo hacer un presupuesto basado en cero. (s.f.). https://www.ramseysolutions.com/budgeting/how-to-make-a-zero-based-budget#:~:text=El%20presupuesto%20de base cero%20es%20cuando,%2C%20un%20trabajo%2C%20un%20objetivo.

Cómo funciona el seguro de vida universal variable | Thrivent. (2023, 23 de enero). Thrivent.com. https://www.thrivent.com/insights/life-insurance/how-variable-universal-life-insurance-works

Cómo esperar 24 horas puede evitar el remordimiento del comprador | Metrobank. (sin fecha). https://www.metrobank.com.ph/articles/learn/how-to-avoid-buyers-remorse

Huffman, E. (2022, 24 de junio). *Los mejores seguros de vida variable para febrero de 2023 -.* Benzinga. https://www.benzinga.com/money/best-variable-life-insurance

Hunt, J. (2023, 16 de febrero). *¿Qué significa fijarse objetivos financieros SMART? - CCS.* Credit Counselling Society. https://nomoredebts.org/blog/budgeting-saving/what-does-it-mean-to-set-smart-financial-goals

Creo que soy una Shopaholic (2022, 17 de febrero). Reddit.cubahttps://www.reddit.com/r/personalfinance/comments/susa7a/i_think_im_a_shopaholic/

Importancia del seguro médico y por qué es necesario. (s.f.). https://www.hdfcbank.com/personal/resources/learning-centre/insure/importance-of-health-insurance-and-why-do-you-need-it

Importancia del ahorro - Conozca 5 razones para ahorrar dinero | ICICI Prulife. (sin fecha). https://www.iciciprulife.com/protection-saving-plans/importance-of-savings.html

Mejorar o Reconstruir el Crédito | Wells Fargo. (s.f.-). https://www.wellsfargo.com/goals-credit/smarter-credit/improve-credit/rebuild-credit/

Ingresos Gastos Presupuesto. (s.f.). https://www.canada.ca/en/financial-consumer-agency/services/financial-toolkit/income-expenses-budget/income-expenses-budget-3/6.html

Seguro de vida universal indexado. (sin fecha). Transamerica. https://www.transamerica.com/insurance/index-universal-life-insurance

Guía de compra del seguro de vida universal indexado | Guardian. (s.f.). https://www.guardianlife.com/life-insurance/indexed-universal

Significado y ventajas e inconvenientes del seguro de vida universal indexado (IUL). (2022, 4 de noviembre). Investopedia. https://www.investopedia.com/articles/personal-finance/012416/pros-and-cons-indexed-universal-life-insurance.asp

Explicación del seguro de vida universal indexado (IUL). (sin fecha). Ogletree Financial. https://insurancequotes2day.com/indexed-universal-life-iul-explained/

Seguros: Definición, Funcionamiento y Principales Tipos de Pólizas. (2022, 19 de julio). Investopedia. https://www.investopedia.com/terms/i/insurance.asp

Entrevista con la experta en asuntos de consumo Kathryn J. Morrison. (2022, 9 de mayo). Investopedia. https://www.investopedia.com/how-car-loans-work-5202265

Explicación de las inversiones: Tipos de inversión y cómo empezar. (2022, 22 de julio). Investopedia. https://www.investopedia.com/terms/i/investing.asp

Invertir en criptomoneda. (2022, 4 de mayo). Investopedia. https://www.investopedia.com/cryptocurrency-4427699

Iversen, J. (2022, 20 de septiembre). *Cómo utilizar el seguro de vida universal indexado [IUL] - WealthFit.* https://wealthfit.com. https://wealthfit.com/articles/iul-indexed-universal-life-insurance/

Jackson, T. (2023, 16 de febrero). *What You Need to Know This Tax Season (Guía 2022-23).* InCharge Debt Solutions. https://www.incharge.org/financial-literacy/budgeting-saving/how-to-cut-your-expenses/

James Royal. (2022a, 15 de julio). *Guía completa de los planes de jubilación 401(k): ¿Qué es un 401(k)?* Bankrate. https://www.bankrate.com/retirement/401k/

James Royal. (2022b, 19 de diciembre). *Cómo invertir en el sector inmobiliario en 2022*. Bankrate. https://www.bankrate.com/investing/how-to-invest-in-real-estate/

James Royal. (2023a, 22 de febrero). *Cómo empezar a invertir en criptodivisas: Una guía para principiantes*. Bankrate. https://www.bankrate.com/investing/how-to-invest-in-cryptocurrency-beginners-guide/

James Royal. (2023b, 22 de febrero). *Conceptos básicos del mercado de valores: 9 consejos para principiantes*. Bankrate. https://www.bankrate.com/investing/stock-market-basics-for-beginners/

Cita de John J. Beckley. (s.f.). A-Z Quotes. https://www.azquotes.com/quote/710547

Un momento. . (s.f.-a). El *dinero no compra la felicidad*. http://moneytamer.com/money-doesnt-buy-happiness/

Un momento. (s.f.-). *Cómo mitigar el riesgo de mercado*. https://reciprocity.com/blog/how-to-mitigate-market-risk/

K. (2020, 12 de diciembre). *Cómo prepararse para su primer desafío de congelación de gastos*. True Money Saver. https://truemoneysaver.com/no-spend/prepare-for-spending-freeze/

Kamel, G. (2023, 3 de febrero). *Explicación del seguro de vida universal indexado (IUL)*. Ramsey Solutions. https://www.ramseysolutions.com/insurance/indexed-universal-life-insurance

Kenkare, P. (2022, 21 de agosto). Esta es *la mejor manera de empezar un negocio secundario y ganar dinero extra cada mes*. CNET. https://www.cnet.com/personal-finance/heres-the-best-way-to-start-a-side-hustle-and-make-extra-money-each-month/

Principales ventajas de invertir en acciones. (sin fecha). https://www6.royalbank.com/en/di/hubs/investing-academy/chapter/key-benefits-of-investing-in-stocks/jv7atg13/jv7atg1j

Kilroy, A. (2022, 11 de abril). *Explicación del seguro de vida universal*. Forbes Advisor. https://www.forbes.com/advisor/life-insurance/universal-life-insurance/

L. (2021, 12 de mayo). *Crear riqueza frente a ganar dinero*. John Hope Bryant. https://johnhopebryant.com/2021/05/building-wealth-vs-making-money.html

Lake, R. (2021, 21 de junio). *Cómo crear un fondo de emergencia*. Forbes Advisor. https://www.forbes.com/advisor/banking/how-to-create-an-emergency-fund/

Lake, R. (2023, 4 de enero). *¿Qué es una cuenta de ahorro de alto rendimiento?* Forbes Advisor. https://www.forbes.com/advisor/banking/savings/what-is-a-high-yield-savings-account/

Lane, R., & Helhoski, A. (2022, 29 de noviembre). *Student Loan Deferment vs. Forbearance: ¿Qué Pausa de Pago es Mejor?* NerdWallet. https://www.nerdwallet.com/article/loans/student-loans/student-loan-deferment-forbearance

Lazar, A. (2023, 31 de enero). *Cómo establecer objetivos financieros S.M.A.R.T. (con ejemplos)*. FinMasters. https://finmasters.com/smart-financial-goals/

Leefeldt, E. (2022, 11 de noviembre). *Sounding The Alarm On Indexed Universal Life Insurance (IUL)*. Forbes Advisor. https://www.forbes.com/advisor/life-insurance/indexed-universal-life-insurance-problems/

Lighthouse Life Solutions, LLC. (2022, 12 de diciembre). *Cómo vender una póliza de seguro de vida universal por dinero en efectivo*. Lighthouse Life. https://www.lighthouselife.com/blog/how-to-sell-a-universal-life-insurance-policy-for-cash/

Creencias limitantes sobre el dinero. (s.f.). https://financeoverfifty.com/wp-content/uploads/2020/11/Limiting-beliefs-about-money.png

Loredo, A. (2023, 6 de febrero). *Nunca te compares con los demás: 6 Reasons Why*. Clever Girl Finance. https://www.clevergirlfinance.com/blog/never-compare-yourself-to-others/

Lyons, R. (2023, 23 de febrero). *Pros y contras de la inversión inmobiliaria: A Comprehensive Overview*. Investor Junkie. https://investorjunkie.com/real-estate/pros-and-cons/

Marder, A., y Rose, G. (2023, 12 de enero). *¿Qué es el seguro de vida universal? Pros, Contras y Costo*. NerdWallet. https://www.nerdwallet.com/article/insurance/universal-life-insurance

Marquit, M. (2023, 23 de enero). *5 tipos de préstamos hipotecarios para compradores de vivienda*. Bankrate. https://www.bankrate.com/mortgages/types-of-mortgages/

Martin, E. J. (2022, 16 de noviembre). *Cómo conseguir una hipoteca*. Bankrate. https://www.bankrate.com/mortgages/how-to-get-a-mortgage/

Miller, D. (2022, 27 de abril). *Por qué es más importante que nunca controlar tus gastos.* Blog MintLife. https://mint.intuit.com/blog/planning/why-its-more-important-than-ever-to-track-your-spending/

Money, W. W. (2021, 23 de agosto). Cómo *usar sus valores para tomar las mejores decisiones monetarias.* Women Who Money. https://womenwhomoney.com/values-money-decisions/

Fondos de inversión | Investor.gov. (sin fecha). https://www.investor.gov/introduction-investing/investing-basics/investment-products/mutual-funds-and-exchange-traded-1

Fondos de inversión: Ventajas y desventajas. (2021, 1 de diciembre). Investopedia. https://www.investopedia.com/ask/answers/10/mutual-funds-advantages-disadvantages.asp

Fondos de inversión: Diferentes tipos y sus precios. (2022, 28 de junio). Investopedia. https://www.investopedia.com/terms/m/mutualfund.asp

N. (2023, 14 de febrero). *Seguimiento de los gastos mensuales: El primer paso hacia el éxito monetario.* NerdWallet. https://www.nerdwallet.com/article/finance/tracking-monthly-expenses

Napoletano, E. (2022, 4 de abril). *¿Qué es invertir? ¿Cómo se puede empezar a invertir?* Forbes Advisor. https://www.forbes.com/advisor/investing/what-is-investing/

Nbd, E. (s.f.). *Cómo evitar las deudas.* Emirates NBD. https://www.emiratesnbd.com/en/corporate-social-responsibility/financial-literacy/articles/how-to-avoid-debt/

New York Life. (2022, 6 de diciembre). *¿Por qué necesito un seguro de vida?* https://www.newyorklife.com/articles/six-reasons-to-buy-life-insurance

Newth, M. (2022, 14 de junio). *Examen y explicación de las comisiones de los IUL.* Banking Truths. https://bankingtruths.com/videos/iul-charges/

Un paso más. (s.f.). https://www.valleyfcu.com/about/blog/blog-detail.html?cId=59951

Opperman, M. (2022, 22 de julio). *La diferencia entre ahorrar dinero y crear riqueza.* Credit.org. https://credit.org/blog/the-difference-in-saving-money-and-building-wealth/

Coste de oportunidad (2020, 28 de enero). Econlib. https://www.econlib.org/library/Topics/College/opportunitycost.html

O'Shea, A. (2022, 16 de noviembre). *Cómo invertir en el sector inmobiliario: 5 Ways to Get Started*. NerdWallet. https://www.nerdwallet.com/article/investing/5-ways-to-invest-in-real-estate

O'Shea, B., & Schwahn, L. (2023, 14 de febrero). *6 Maneras de Reconstruir el Crédito*. NerdWallet. https://www.nerdwallet.com/article/finance/ways-to-rebuild-credit

Partida, D. (2022, 4 de julio). *Vender cosas como trabajo extra*. Entrepreneur. https://www.entrepreneur.com/business-news/selling-stuff-as-a-side-hustle/430747

Páguese usted primero: Aprenda por qué | Wells Fargo. (sin fecha). https://www.wellsfargo.com/financial-education/basic-finances/manage-money/cash-flow-savings/pay-yourself-first/

Tipos de pago. (s.f.). https://tfig.unece.org/contents/payments-types.htm

Payne, K. (2022, 13 de julio). *Por qué debe tener conversaciones sobre el dinero con sus hijos a una edad temprana*. Bankrate. https://www.bankrate.com/finance/credit-cards/ways-to-teach-kids-financial-literacy-early/

Pérez, K. (2021, 18 de agosto). *¿Tienes buenos valores monetarios?* Chime. https://www.chime.com/blog/do-you-have-good-money-values/

Plummer, S. (2022, 27 de julio). *¿Cómo cobrar una póliza de seguro de vida antes de morir? (2023)*. The Annuity Expert. https://www.annuityexpertadvice.com/cash-out-life-insurance-policy-before-death/

PMI: Costes del seguro hipotecario privado y cómo evitarlos. (2022, 23 de marzo). Investopedia. https://www.investopedia.com/ask/answers/09/pmi.asp

Policygenius. (sin fecha). https://www.policygenius.com/life-insurance/how-to-cancel-your-life-insurance-policy/

Porter, K. (2022, 17 de noviembre). *Aplazamiento de pago frente a indulgencia de morosidad: ¿Cuál es mejor para su préstamo estudiantil?* Bankrate. http://www.bankrate.com/loans/student-loans/deferment-or-forbearance-student-loans/

Reportaje promocional, HT Brand Studio. (2018, 5 de febrero). *Mitos sobre el dinero: 5 estereotipos sobre las mujeres y las finanzas que necesitamos romper ahora mismo | Mint*. Mint. https://www.livemint.com/Home-Page/LGiSxK-K2Q2mZfiBXjCnVJP/Money-myths-5-stereotypes-about-women-and-finances-that-we.html

Pros y contras del seguro de vida universal indexado. (2022, 22 de noviembre). Investopedia. https://www.investopedia.com/articles/personal-finance/070215/pros-cons-indexed-universal-life-insurance.asp

Ventajas e inconvenientes de alquilar o comprar un coche. (2023, 9 de febrero). Investopedia. https://www.investopedia.com/articles/personal-finance/012715/when-leasing-car-better-buying.asp

Ventajas e inconvenientes de gestionar uno mismo su plan 401(k). (2021, 16 de marzo). Investopedia. https://www.investopedia.com/articles/personal-finance/032616/managing-your-own-401k-pros-cons.asp

Pros y contras de la consolidación de los préstamos federales para estudiantes. (2022, 30 de agosto). Debt.org. https://www.debt.org/students/pros-and-cons-of-student-loan-consolidation/

Soluciones Ramsey. (2022, 15 de diciembre). *Cómo funciona el método de la bola de nieve de deudas.* https://www.ramseysolutions.com/debt/how-the-debt-snowball-method-works

Seguro de Vida Universal Indexado Registrado. (s.f.). https://us.milliman.com/-/media/milliman/pdfs/articles/registered-indexed-universal-life-concept-paper.ashx

Alquilar o comprar una casa: ¿Cuál es la diferencia? (2022, 31 de julio). Investopedia. https://www.investopedia.com/articles/personal-finance/083115/renting-vs-owning-home-pros-and-cons.asp

Richards, C. (2016, 10 de agosto). *Un secreto para recortar gastos: Esperar 72 horas antes de comprar.* The New York Times. https://www.nytimes.com/2016/08/10/your-money/one-secret-to-cutting-spending-wait-72-hours-before-you-buy.html

ROBBINS RESEARCH INTERNATIONAL, INC. (2021, 27 de mayo). *¿Qué es la gratificación diferida y por qué es tan importante en la vida?* tonyrobbins.com. https://www.tonyrobbins.com/achieve-lasting-weight-loss/delayed-gratification

Robertson, C. (2021, 20 de agosto). *Alquilar o comprar una casa: 55 pros y contras.* La verdad sobre las hipotecas. https://www.thetruthaboutmortgage.com/renting-vs-buying-55-pros-and-cons/

S. (s.f.-). *¿Cómo nos perjudican las creencias limitantes? Here Are 5 Ways*. Finance Over Fifty. https://financeoverfifty.com/the-high-cost-of-limiting-beliefs/

S. (2022, 28 de abril). *Valores monetarios: Cómo alinear sus prioridades con sus gastos*. Finance Over Fifty. https://financeoverfifty.com/money-values/

Schnaubelt, C. (2019, 15 de febrero). *Los pros y los contras de las tarjetas de crédito*. Forbes. https://www.forbes.com/sites/catherine-schnaubelt/2019/02/15/the-pros-and-cons-of-credit-cards/?sh=76eb-635c1e8b

Schneider, J. (2023, 14 de febrero). *¿Es el IUL una estafa? Sí*. Personal Finance Club. https://www.personalfinanceclub.com/is-iul-a-scam-yes/

Schwahn, L. (2023, 27 de febrero). *Objetivos financieros: Definición y Ejemplos*. NerdWallet. https://www.nerdwallet.com/article/finance/financial-goals-definition-examples

Scott, S. (2022, 23 de septiembre). *Lo que debe saber sobre los pros y los contras del seguro de vida universal*. Healthmarkets Agents/Content/Plans. https://www.healthmarkets.com/resources/life-insurance/look-universal-life-insurance-pros-cons/

Securian Financial. (s.f.). *5 steps to build an emergency fund*. https://www.securian.com/insights-tools/articles/5-steps-to-building-an-emergency-fund.html

SelfMadeLadies Manifestación Blog por Mia Fox. (2022, 13 de agosto). *Las 13 creencias limitantes más comunes sobre el dinero*. SelfMadeLadies. https://selfmadeladies.com/money-beliefs-limit-abundance/

Shubel, M. (2022, 1 de septiembre). *Cómo superar sus creencias limitantes sobre el dinero*. Clever Girl Finance. https://www.clevergirlfinance.com/blog/limiting-beliefs-about-money/

Seis pasos clave para configurar un IUL a la manera de Better Money Method | The Better Money Method. (2018, 5 de marzo). https://www.bettermoneymethod.com/six-key-steps-creating-iul-policy-works/

Sorrentino, F. (2022, 26 de septiembre). *Banca para todas las generaciones*. Forbes. https://www.forbes.com/sites/franksorrentino/2022/09/26/banking-for-all-generations/?sh=46c8eecb45a0

Spann, S. (2018, 14 de enero). *Tus creencias sobre el dinero te están frenando?* Forbes. https://www.forbes.com/sites/financialfinesse/2018/01/14/are-your-money-beliefs-holding-you-back/?sh=1ad59e7079bd

Acciones | Investor.gov. (s.f.). https://www.investor.gov/introduction-investing/investing-basics/investment-products/stocks

Estrategias para mitigar la volatilidad. (sin fecha). https://www.agf.com/us/building-resilient-portfolios/mitigate-risk/index.jsp

Deuda por préstamos estudiantiles: Estadísticas y perspectivas para 2022. (2023, 27 de febrero). Investopedia. https://www.investopedia.com/student-loan-debt-2019-statistics-and-outlook-4772007

Indulgencia de morosidad: Pros y contras. (2022, 29 de noviembre). Investopedia. https://www.investopedia.com/student-loan-forbearance-pros-and-cons-4771305

Opciones de reembolso de préstamos estudiantiles: ¿Cuál es la mejor forma de pagar? (2022a, 2 de diciembre). Investopedia. https://www.investopedia.com/student-loan-repayment-options-what-s-the-best-way-to-pay-4772402

Opciones de reembolso de préstamos estudiantiles: ¿Cuál es la mejor forma de pagar? (2022b, 2 de diciembre). Investopedia. https://www.investopedia.com/student-loan-repayment-options-what-s-the-best-way-to-pay-4772402

Stueber, S. (2021, 19 de octubre). *Ocho consejos para elegir la compañía de seguros adecuada*. https://www.thesilverlining.com/westbendcares/blog/eight-tips-for-choosing-the-right-insurance-company

Préstamos estudiantiles subvencionados frente a no subvencionados: ¿Cuál es mejor? (2023, 27 de febrero). Investopedia. https://www.investopedia.com/personal-finance/federal-direct-loans-subsidized-vs-unsubsidized/

Suknanan, J. (2023, 31 de enero). *¿Qué es una hipoteca y cómo funciona?* CNBC. https://www.cnbc.com/select/what-is-a-mortgage-and-how-does-it-work/

Sobrevivir a tiempos difíciles aumentando la resiliencia. (sin fecha). HelpGuide.org. https://www.helpguide.org/articles/stress/surviving-tough-times.htm

Swoboda, K. (2022, 27 de enero). *El miedo a no tener suficiente dinero*. Kate Swoboda. http://www.yourcourageouslife.com/blog/fear-of-not-having-enough-money

Las 3 cosas que crean tus creencias sobre el dinero. (s.f.). https://www.healthyloveandmoney.com/blog/the-3-things-that-create-your-money-beliefs

La diferencia entre deseos y necesidades. (2022, 20 de junio). El equilibrio. https://www.thebalancemoney.com/how-to-separate-wants-and-needs-453592

La importancia del seguro de propiedad. (2021, 7 de septiembre). Investopedia. https://www.investopedia.com/articles/insurance/09/property-insurance.asp

El poder del interés compuesto: Cálculos y Ejemplos. (2022, 19 de julio). Investopedia. https://www.investopedia.com/terms/c/compoundinterest.asp

Los efectos secundarios del mal crédito. (2021, 11 de junio). Investopedia. https://www.investopedia.com/the-side-effects-of-bad-credit-4769783

Tres factores a tener en cuenta al elegir un banco. (2022, 29 de abril). Investopedia. https://www.investopedia.com/how-to-choose-a-bank-5183999

Las 10 mejores compañías de seguros de vida universal indexada (IUL). (2023, 26 de enero). https://www.insuranceandestates.com/indexed-universal-life-iul-insurance/

Town, P. (2022, 22 de noviembre). *7 consejos para gastar el dinero con inteligencia.* Regla n° 1 Invertir. https://www.ruleoneinvesting.com/blog/financial-control/spending-money-wisely/

Entiende tu relación con el dinero. (sin fecha). Wespath Benefits & Investments. https://www.wespath.org//health-well-being/health-well-being-resources/financial-well-being/understand-your-relationship-with-money

Comprender el presupuesto y las finanzas personales. (2021, 28 de noviembre). El equilibrio. https://www.thebalancemoney.com/personal-finance-budget-4802696

Entender las hipotecas. (s.f.). https://www.practicalmoneyskills.com/learn/life_events/buying_a_home/understanding_mortgages

Entender los tipos de crédito. (sin fecha). https://time.com/nextadvisor/credit-cards/understanding-types-of-credit/

Underwood, J. (2022, 22 de septiembre). *Efectivo frente a crédito: ¿cuál debo usar?* Asesor de Forbes. https://www.forbes.com/advisor/credit-cards/cash-vs-credit-which-should-i-use/

Van Haaften, E. (2023, 9 de febrero). *Préstamos sobre pólizas de seguro de vida.* Affordable Life USA. https://affordablelifeusa.com/life-insurance-policy-loans/

VanSomeren, L. (2021a, 26 de marzo). *16 tipos de préstamos que le ayudarán a hacer las compras necesarias*. Forbes Advisor. https://www.forbes.com/advisor/loans/types-of-loans/

VanSomeren, L. (2021b, 21 de julio). *9 beneficios del buen crédito y cómo puede ayudarle financieramente*. Forbes Advisor. https://www.forbes.com/advisor/credit-score/benefits-of-good-credit/

Seguro de vida variable. (2022, 13 de diciembre). Investopedia. https://www.investopedia.com/ask/answers/08/variable-life-insurance.asp

Seguro de Vida Universal Variable (VUL): Qué es, cómo funciona. (2022, 14 de junio). Investopedia. https://www.investopedia.com/terms/v/variableuniversallife.asp

Waterworth, K. (2022, 21 de septiembre). *Cómo empezar a invertir en el sector inmobiliario: The Basics*. The Motley Fool. https://www.fool.com/investing/stock-market/market-sectors/real-estate-investing/basics/

Bienvenido. (s.f.-). https://www.sofi.com/learn/content/spend-wisely-while-still-budgeting/

Grupo financiero Western & Southern. (2022, 26 de abril). *El impacto de la inflación en sus ahorros e inversiones*. https://www.westernsouthern.com/learn/financial-education/the-impact-of-inflation-on-your-savings-and-investments

¿Qué son los gastos de rescate? Definición, funcionamiento y ejemplo. (2022, 18 de julio). Investopedia. https://www.investopedia.com/terms/s/surrendercharge.asp

¿Qué significa "Páguese usted primero"? Cómo funciona y objetivo. (2021, 25 de abril). Investopedia. https://www.investopedia.com/terms/p/payyourselffirst.asp

¿Qué es un 401(k) y cómo funciona? (2023, 21 de febrero). Investopedia. https://www.investopedia.com/terms/1/401kplan.asp

¿Qué es un presupuesto? Más 10 mitos sobre presupuestos que te frenan. (2022, 28 de mayo). Investopedia. https://www.investopedia.com/terms/b/budget.asp

¿Qué es una cuenta de ahorro de alto rendimiento? (2021, 3 de noviembre). Investopedia. https://www.investopedia.com/articles/pf/09/high-yield-savings-account.asp

Qué es un préstamo, cómo funciona, tipos y consejos para obtenerlo. (2021, 19 de abril). Investopedia. https://www.investopedia.com/terms/l/loan.asp

¿Qué es una hipoteca? Tipos, funcionamiento y ejemplos. (2022, 4 de noviembre). Investopedia. https://www.investopedia.com/terms/m/mortgage.asp

¿Qué es un presupuesto y por qué es importante? (s.f.). My Money Coach. http://www.mymoneycoach.ca/budgeting/what-is-a-budget-planning-forecasting

¿Qué es el crédito y por qué es importante? - Grandes Lagos. (sin fecha). Mi Great Lakes. http://mygreatlakes.org/educate/knowledge-center/credit.html

¿Qué es el seguro de vida universal indexado (IUL)? (2023, 22 de febrero). Investopedia. https://www.investopedia.com/articles/insurance/09/indexed-universal-life-insurance.asp

¿Qué es la inflación y cómo afecta a las inversiones? (2022, 7 de septiembre). Investopedia. https://www.investopedia.com/ask/answers/what-is-inflation-and-how-should-it-affect-investing/

¿Qué es el seguro? ¿Por qué es importante? (s.f.). https://www.grangeinsurance.com/tips/what-is-insurance-why-is-it-important

¿Qué es el ahorro? (s.f.). https://bcra.gob.ar/BCRAyVos/Aprendiendo-a-ahorrar-que-es-el-ahorro-i.asp

¿Qué es el seguro de vida universal? (s.f.). https://www.davidraefp.com/What-Is-Universal-Life-Insurance.c43.htm

Lo que hay que saber sobre el método de la bola de nieve de deudas frente al de la avalancha - Wells Fargo. (sin fecha). https://www.wellsfargo.com/goals-credit/smarter-credit/manage-your-debt/snowball-vs-avalanche-paydown/

¿Cuál es la diferencia entre deuda buena y deuda mala? (2021, 27 de noviembre). The Balance. https://www.thebalancemoney.com/good-debt-vs-bad-debt-960029

¿Cuándo contratar un seguro de vida? (2023, 23 de febrero). Investopedia. https://www.investopedia.com/articles/investing/072816/what-best-age-get-life-insurance.asp

White, A. (2023, 23 de enero). *Tarjetas de crédito garantizadas frente a tarjetas de crédito no garantizadas.* CNBC. https://www.cnbc.com/select/secured-credit-cards-vs-unsecured-credit-cards/

Por qué contratar un seguro médico si tienes menos de 30 años. (sin fecha). Health-Care.gov. https://www.healthcare.gov/young-adults/ready-to-apply/

¿Por qué es importante tener un seguro de hogar? | RAC. (s.f.). https://www.rac.co.uk/insurance/home-insurance/guides/why-is-it-important-to-have-home-insurance

Mujeres y dinero: Desafiando los mitos. (sin fecha). Junta de Gobernadores del Sistema de la Reserva Federal. https://www.federalreserve.gov/newsevents/speech/duke20100501a.htm

Yale, A. J. (2023, 20 de enero). *Lo que hay que saber sobre la mentalidad de escasez y cómo afecta a las mujeres y sus finanzas - y 6 maneras de evitarlo.* Business Insider. https://www.businessinsider.com/personal-finance/scarcity-mindset?international=true&r=US&IR=T

Yochim, D. (2023, 23 de febrero). *¿Qué es un plan 401(k)?* NerdWallet. https://www.nerdwallet.com/article/investing/what-is-a-401k

Zinn, D. (2022, 8 de agosto). *Cómo utilizar la estrategia de pago de la avalancha de deudas.* Bankrate. https://www.bankrate.com/personal-finance/debt/debt-avalanche-method/

DASNEVES DEPINA
BIOGRAFÍA

Hola, mi nombre es Dasneves Depina. Nací el 28 de julio de 1972 en un pequeño pueblo llamado Ribeira Da Barca en la isla de Santiago, Cabo Verde. Soy el décimo hijo de Juvito Gomes Oliveira y Adelina Da Rosa Goncalves. En 1988, Cuba ofreció becas escolares a estudiantes seleccionados de Cabo Verde, y debido a mis excelentes calificaciones, fui uno de los estudiantes elegidos para recibirla. A los catorce años, tuve la oportunidad de dejar Cabo Verde e ir a Cuba en busca de un futuro mejor. Decidí dejar Cabo Verde para continuar mis estudios superiores en Cuba. En 1994, regresé a Cabo Verde con una certificación en Estadísticas de Salud y trabajé durante catorce años en el hospital local de Praia. En 2008, me mudé a Boston y tuve una relación que no funcionó, pero tengo una hermosa hija. Estoy casada con Lucas Depina, con dos hermosos hijos de 14 y 12 años. Ahora estoy persiguiendo una carrera como autora.